愿你的青春
不负梦想

全新修订版

俞敏洪 —— 著

俞敏洪始终对未来充满期待

俞敏洪神采飞扬，永远给人热情、信心与力量

2016年3月15日,俞敏洪做客某脱口秀节目,畅谈酒文化与人生故事

俞敏洪始终热爱读书，并鼓励年轻人多读书

俞敏洪在北大发表演讲

俞敏洪在倾听与沉思

2013 年,俞敏洪在新东方成立 20 周年庆典上发表演讲

2016 年,在四川雅安新东方希望小学,俞敏洪为贫困儿童潸然泪下

自序
Preface

匆匆一年，不知不觉又到了年尾。回首算算，大部分的时间都在路上度过了：从北京到佛罗伦萨，从上海到甘孜藏区，从长江到加尔达湖……走过的路，怕是能绕上地球几周。

我一直很喜欢这种在路上的感觉，更喜欢通过行走与学生们面对面的交流。每到一处，我都会把自己对读书、奋斗乃至生命的热爱通过演讲、对话分享给年轻人，希望自己草根奋斗的经历、自己的思考和经验能对大家有所帮助。

我接触的年轻人，常常会有同样的困惑：自卑、对于前途的迷茫、对于未来的困惑……

其实你今天经历的，并非特例，所有人都曾经历过。今天的马云、李彦宏、俞敏洪都曾是和你一样的青年，站在人生路口，困惑、孤独，但是充满梦想与希望。

不要让害怕本身阻碍了你前进的步伐，不要放大自己的弱点。莱昂纳德·科恩（Leonard Cohen）有句歌词说得很好："There is a crack, a crack in everything. That's how the light gets in."（万物皆有裂痕，这样光才能照射进来。）你的弱点，有时候正是你向前的最好动力！

当年的我挑着扁担进入北大，但是正因我视作"土气"的弱点，日后我才更有同理心去了解很多人的不易；当我从北大离开，经历各种挫折，有那些"苦酒"垫底，才让我面对日后的困难，更为乐观而坚毅！

这些困难和挫折，也正铸成了你成长的轨迹。当勇气支撑我们跨出第一步时，首先要克服内心的恐惧，因为这个世界上，往前走的脚步声和心跳声只有自己方能听到！

有三种纯粹而强烈的感情炙烤着我，促使我勇往直前：对知识的渴求、对未来的渴望和对生命的热爱！

这一年，我除了公事、行走，做得最多的事就是阅读，对知识和未知世界的好奇让我手不释卷。在这个手机横行的时代，我真心希望年轻的你们多读点书，不仅因为阅读是提升能力最快的捷径，更希望大家和我一样，时时感受到读书之乐。读书真是一种探险，随时可见群山巍峨，随时可与大师对话，欣喜时品茗读诗，安逸悠长。这样的喜悦，是金钱无法买到的。

其次，相信未来！对未来、对自己多点信任，很多难题并不可怕，可怕的是，困难未至，你已退缩。我们有时可以想象自己在打通关游戏，每个困难都是一个"老怪"，每个打败"老怪"的过程，都使我们更为强大，每次过关都是人生的一场历练。战胜失败，其实也需要积累经验，锻炼越多，对付困难的信心与经验就越多。

最后，热爱生命。我的人生已经走过半个世纪，但是直到今天，我依然对这个世界充满好奇。对于自己，对于这个世界，我们应该有更为正面的生活态度。

人的一生不能只为物质而活，要有更大的格局和心胸。一个梦想改变世界的人，一定会勇于修正自己，一定会比他人更有冲破黑暗的决心和毅力。我们的存在，应该让这个世界更为美好，不是吗？

是为序。

2016.11.16

写于新东方成立23周年夜

Contents
目录

Chapter

青春

拥有热情，相信未来

我人生的三大转折点 /002
两件事情带着我走到了今天 /005
谁的青春不奋斗 /009
善于从生活中寻找榜样 /013
自卑比狂妄更糟糕 /016
人生最重要的是设定好目标 /019
年轻人要学会读书、交友和独立行走 /021
如何度过有意义的大学生涯 /024
大学生应该怎样交朋友 /028
用面对艰难困苦的心态去迎接未来 /032
方向要对，交往要准，规矩要严，做人要暖 /036
让生命之光指引向前 /038

愿你的青春
不负梦想

Chapter 2 梦想

坚持梦想，不忘初心

青春一定要有梦想 /044

坚持用理想引领人生 /048

内心要有渴望，更要付诸行动 /053

挡住我们前进的，恰恰是我们自己 /057

坚持梦想，总有一天会实现 /060

既不要低估自己，也不要低估别人 /064

要学会穿透黑夜，看到星光 /068

你可以赋予自己最好的价值 /071

人生的几个关键词 /075

如果只迎合现在，也许会没有未来 /079

有人爱，有事做，有所期待 /082

让理想不断引领人生的进步 /086

坚持梦想，不忘初心 /092

Chapter 3

成长

成长，不要只是变老

努力让自己成为一个真正的人 /098

突破现状，突破自己的缺陷 /104

与其有钱，不如让自己变得值钱 /107

获得大成就的必经之路 /110

失败不过是成功的垫脚石 /114

学会接受现状是走向成功的第一步 /117

不要为眼前的得失而动心 /119

机会只给真正准备好的人 /124

人一定要对自己有伟大的期许 /127

你的成长一定要比世界更快 /130

要想取得成功，最重要的是修炼自己 /133

人要为做人的使命感而活着 /139

一个人如何才能走向优秀 /146

Chapter 4

奋斗

你要去相信，奋斗可以改变人生

人生的起点不重要，人生的终点靠自己 /152

我和马云之间就差了八个字 /155

在绝望时，善于修炼自己并安心等待 /158

人生需要有一点冒险精神 /162

能掌管命运的是你自己 /165

当人生之路走不通时，别傻等 /167

如何度过有意义的人生 /169

相信奋斗的力量 /174

生命是一个不断寻找的过程 /180

一个人获得成功的四大能力 /185

有领导能力和胆识才能做成事情 /189

只要你想变得伟大，就一定能变得伟大 /193

人生最重要的三大心理素质 /197

Chapter 5

事业

把小事情做成大事业

人生要有畅游大海的勇气 /202

创业者必备的素养 /205

真正的精英一定是具有家国情怀的人 /211

不能抓住机会，你终将孤独一生 /214

从本质上改变自己思维的能力 /218

一个人要想创业当老板，需要八大能力 /220

我为什么要二次创业 /229

以创新、创业参与时代发展大潮 /234

搭建公司组织结构是一门艺术 /241

创业不是头脑一热、不顾一切 /247

遇到挑战并不可怕，重要的是怎样面对挑战 /252

看好时代，做好自己 /255

把创业当作终生事业的来源 /257

找靠谱的人，做伟大的事，分更多的钱 /259

愿你的青春
不负梦想

Chapter 6
生活
快乐或痛苦是一种心态

人的核心价值是被人信任 /270
信念是人生最大的力量 /274
认真对待生活中的每一次机会 /277
人生最大的幸福是学会不把自己当人看 /280
无论做人做事，都不要去等待 /285

后记　让现在的行动拥有未来的意义 /289
附录　俞敏洪经典语录 /292

Chapter

青春
——拥有热情，相信未来

愿 你 的 青 春 不 负 梦 想

我人生的三大转折点

从江苏来到北大，又从北大离开创建新东方，到新东方在美国纽交所上市，我经历了人生三次大的改变。

这些改变主要是由两个因素导致的，一是外在环境，二是个人内因。

一个人想改变，通常是由环境引起的，如果在一个舒适的环境中生活，就不容易求变。很多人有一份稳定的工作，一个相对温馨的小家庭，一间不管多大面积的房子，一般改变的愿望就不大。

当然，这不是坏事。能够挺满足地过一辈子，其实是一件幸事。但是有些环境让你不得不求变。比如我在农村的时候，高中毕业以后有两个选择：一是认认真真当农民，面朝黄土背朝天一辈子，但是我不甘心；二是离开农村，离开农村的唯一办法就是考大学。

我当时非常向往读书生活、城市生活，这两种生活只有通过上大学才能实现，所以我不断参加高考。第一年没考上，再考第二年，第二年不成功考第三年。第三年终于考上了，进了北大。

这是我人生中的第一大转折点，是我自己主动寻求的改变，这种主动寻求的改变来自内心的某种渴望或者梦想。当然，渴望或者梦想有时候也会把人带向困境，那是后话了。

我的个性一直是比较追求安逸的。进入北大后，我的学习成绩不是特别好，但我也不太愿意去拼命追求好名次或者通过艰苦奋斗得到荣誉，所以，我选择毕业后留在北大当老师。留在北大当老师，是因为我看上了那份稳定和安逸。一个星期只需要上八小时的课，剩下的时间自由支配，可以在未名湖边散步，在图书馆读自己喜欢的书，没有任何人打扰。在北大，尽管我只有一床之隅，需要跟另外一位老师分享一个八平方米的房间，但对我而言，那已经是非常知足的生活。

我在北大一待就是好几年，直到另外一个梦想出现。这个梦想不是我自己产生的，而是来自周围的朋友们。当时我的同学王强已经出国，在国外比较好的大学读书，我们的差距一下子被拉得很大。我很自然地就产生了也要去国外读书的念头。结果，这次运气不好，高考奋斗三年成功，留学奋斗了三年多还是没成，因为我没有钱，国外又不给我全额奖学金，创建新东方实际上完全是被动的变化。

出国失败之后，我就去了校外的培训机构教书，因为在校外教书违反了北大当时的教师纪律规定，结果被北大行政记过处分，这个处分把我推出了北大。这跟我的个性有一点关系，因为我不愿意待在一个被看不起的环境中。当时北大的处分对我来说是一个挺大的污点，虽然我不认为是我个人的污点，但心里毕竟不太舒服。

最后，我辞职离开了北大。离开北大以后，为了生计，我被动地去各个培训机构讲课。当我接触的机构和管理者多了之后，我发现从人品和做事风格上，我能比他们做得更好。就是这样一个小小的想法促使我最后做了新东方。既然做了，就选择努力把它做好，一直到现在我仍然在拼命把新东方做好。

这是我人生中的第二大转折点——离开北大。

第三大转折点是新东方上市。上市我也是被推着走的，因为我没有太大的财富欲望，所以一直不想新东方上市。但当时即使我不想上市，新东方内部人才的渴望和外部竞争的需要，也逼得新东方不得不上市。一旦决定上市，我就变被动为主动，认真地走下去。

于是，我开始研究上市公司的结构、上市公司的文件、上市公司的路径等等。尽管我对财务数据不是很懂，但新东方上市四年多来，一直走得比较平稳。因为上市前，我就明白了上市公司到底应该坚持什么。

这是我个人三个最大的转折点。

那么，我的人生有没有下一个转折点？我相信一定会有。但我想，我的前半辈子一直在做加法，不断努力前行，下一个转折点也许会往后退一退，给自己的未来、自己的生命一片更大的空间和悠闲。新东方一直做得不错，但把我自己的生命空间挤占得非常狭窄，连看天、看地、看云、看月的日子都没有了，对生命来说是一种愧疚。

两件事情带着我走到了今天

在大学，你要学会的第一句话是：You are born different（你天生与众不同）。

这不是说你比别人好或是比别人差，而是你天生与众不同。你就是你，你是特别的，你必须靠你自己打造与众不同的生活。

有多少人已经下定决心要变成自己心中所想的那样的人？事实是，95%以上的人根本不知道自己这辈子想成为什么样的人。

我就是一个例子。我到现在都不知道自己要成为什么样的人，也不知道自己这辈子的终点在什么地方。从过去走到现在，我没有具体的、明确的目标。

可是，一个人如果什么目标都没有，就会浑浑噩噩，感觉生命中缺少能量。能给我们能量的，是对未来的期待。

如果说我的生命中有一些期待的话，大概是两件事情带着我走到了今天。

第一件事情，我始终为了进步而努力。

所有人绝对不会看到今天的我跟昨天的我别无二致。这件事很重要，一定要让自己长进，长进，再长进。一个人想要变得与众不同，最重要的是不要与别人比较——总有人比你好，也总有人比你差，这种比较没有意义，改变不了现状，只会让沉溺在比较之中的人变得心胸狭隘。你应该和自己比较——比较一下自己今天是不是比昨天有进步，明天是不是比今天更有进步。

当你学会与自己比较的时候，你每天都会进步，会获得更多的经验、学识，心胸会更开阔，眼神和气质会变得完全不同。大学四年，**与其追寻全世界的骏马，不如种植丰美的草原，到时骏马自然会来。**

第二件事情，我始终有阶段性的目标。

我们之所以要给未来设定一个目标，是为了提升现在。之所以你会有迷茫徘徊，感觉全身无力的时候，是因为生命中没有能给人能量的东西。**什么东西能给我们能量？答案是对未来的期待。**

回头再看，我的生命中出现了很多意想不到的结果，之所以这样，是因为我一直在为自己设立短期目标，并付出足够的努力。很多人生目标并不是想出来的，而是付出努力到了一定程度之后，水到渠成自然而然出现的。

我参加过三次高考，曾经拖后腿的是英语成绩。第一次高考时我的英语只考了33分，复读时，我的目标就是学好英语。第二年，我的英语考了55分，虽然有进步，但总分不高，我仍然落榜。在质疑声中，我坚持再读一次高三，这一次英语考了95分，我被北大录取。

进入北大以后，我的学习成绩上不去，体育运动、文艺活动也不行，非常自卑。作为一个朴实的农村孩子，我当时想到的唯一途径是把学习搞好。我的大学同学读书太多了，我就给自己定了一个目标，大学四年读完800本书，结果大学毕业时，我看过的书光自己买的就有1000多本。

大三时我不幸患上了肺结核，在医院待了整整一年。最初的一两个月，我非常迷茫，也特别痛苦。但这场病带给了我一个最大的好处，就是让我在迷茫与痛苦中想通了一些事情。

什么是命运？命运就是老天不经意加在我们身上的苦难，以及面对这种苦难我们所采取的态度。我不能永远待在痛苦中，我要选择一条道路、一个目标去为之努力。那时，我选的第一个目标是，必须把身体养好。

在医院里，我做了两件对我的人生产生很大影响的事情。第一件事情是读书。住院一年，我几乎一天看一本书。所有文学、哲学、诗歌、散文、历史方面的名著，都是我在医院里读完的。第二件事情是背单词。为了打发时间，我平均每天背50个单词，到年底时，我的词汇量已经从原来的8000多个上升到了20 000多个。

第二件事情直接促成了后来新东方的诞生。我对教词汇非常有把握，在20世纪80年代末成为中国教GRE词汇的第一人。**人生中总会有迷茫，但迷茫的时候也不能停下进步的脚步，前行之中总会有转机，生命就是这样转动起来的。**

毕业分配工作时，我不想进入政府机关，也不想过朝九晚五的生活，我想去当老师，每周上课的课时很少，而且每年有三个月的假期，非常轻松快活。我花了一年半的时间用英文写论文，找了最严厉的老师辅导，这篇论文最终被老师认可。大学毕业的时候，我留在了北大教书。

后来，我想出国深造，于是联系美国的大学，对方只给了我20 000美元奖学金，但出国一共需要30 000美元，而以我当时在北大每个月60元人民币的工资，需要不吃不喝100年左右才能攒够10 000美元。

为了攒钱出国，我决定创办新东方。这种初衷非常简单。等到新东方开班之后第三年，我就攒够了到美国读书的钱，但那时我突然决定不去了，因为我发现新东方很可能是一项事业。当时中国想出国留学的学生非常多，出国都要通过几门考试——托福、GRE、GMAT，但相应的教育还是一片空白。

于是，我把几个在美国读书的朋友叫回北京一起创业。就这样，到了2006年，新东方市值几亿元人民币。这时，我们突然又畅想，新东方为什么不上市呢？于是改结构、重组，让公司到纽约上市。

新东方上市时，年收入只有8亿元人民币。我们又给自己定了一个目标——10年后做到年收入100亿元人民币。到了新东方在美国上市10周年纪念日时，新东方的年收入已经突破100亿元人民币。这个目标并不是我在创业之初设定的，但是最后它不期而至，我自己也感到意外。而当我将过去的一切连起来再看时，发现这一切并非偶然，因为我设定的阶段性目标连起来就会变得越来越高远。

生命只有幸福与不幸福两种状态，任何中间的浑浑噩噩都是没有生命的状态。我希望若干年后，当我们回过头来再看的时候，自己的生命是如此与众不同。在与众不同的生命中，你过得合算吗？所谓的合算不是以功利的标准，而是以人生丰富的标准来衡量的。只有一件事情不合算，就是在这件事情中消磨了斗志，忘记了梦想，这就是生命的不合算。

谁的青春不奋斗

在我的人生之中，从1岁到18岁，我从没有看不起自己，我周围全是农村孩子，我是其中的一员。而且在这帮农村孩子中，我的学习比他们好。我还是我们村孩子的头儿。这多少让我有了些优越感，并引以为傲。

人对自己的定位是看所加入的人群而定的。如果进入的人群都比自己牛的话，不想自卑也难；如果进入的人群都不如自己，不想骄傲也难。

后来考进北大之后，我却经历了很长一段时间的自卑期，现在回头来看，那段时期反而对我是非常有好处的。关键是经历了自卑，然后又经过历练回到了自信状态。如果我不回到自信状态，一辈子就是一个窝囊废。如果自卑以后回不到自信状态，老是看不起自己，是干不出事情来的。

回想起自己进入北大以后之所以会自卑，是因为北大学生全是各省的高考状元。他们大多数都来自城市，而我来自农村，而且在20世纪80年代，学外语的人都比较洋气，而农村孩子是很少学外语的，这让我一度产生了自卑的心理。

除了以上因素，还有导致我自卑的其他原因。

第一，那时我不会讲普通话。我今天的普通话讲得还算可以，即使这样，别人也能听出我有南方口音。我在大学讲普通话，一半同学都听不懂。我的朋友、大学同学王强当时老说："老俞，你能不能别讲'日语'？"所以，我不敢竞选学生会干部，因为要讲普通话。

第二，我上课不敢发言，因为我还没有讲话，同学们就笑了。当时我的心理比较脆弱，不像现在早就"死皮赖脸"了。脸皮越薄，就越不敢干事情；越不敢露面，就会失去越多的机会，到最后，就会没有机会。

那时，我的英语成绩排第五名，学号是8011005。因为当时北大分班的时候不考虑听说水平，是根据笔试成绩排名的，所以我被分到了最好的班。我进去以后，发现老师全是用英语上课，我一时无法适应，就从A班调到了C班，C班是英语语音听力障碍班。

这让我大丢面子，好几天都不敢跟同学们讲话。其实C班也有20名同学，但当时我没想到这一点。而且现在证明C班的同学挺牛的，我们班出了六位亿万富翁。所以，成绩差不用担心，成绩好的人以后会搞科研、当教授，而你可能会成为亿万富翁。

第三，我在大学的时候，大学生比较注重各种才能，像文艺、体育之类的，而我在这些方面则非常匮乏。我有一个男同学长得挺难看，但翻译水平特别高，因为他爷爷是中国著名的翻译家，所以他从小就练翻译。从第一学期开始，我们班出了一本文学刊物，上面的散文、小说有一半是他翻译的。当然，他的文笔也特别好，这种才华深为同学们欣赏，他第一个跟我们班最美丽的女生谈了恋爱。

当时"文化大革命"刚刚结束，每家都没有钱，人的才华占主要因素。才华一占主要因素，我就倒霉了，因为我是属于大器晚成型的人。

很多同学现在在学校里锋芒毕露、才华横溢，很容易受到老师和同学的关注，女同学喜欢，男同学也喜欢。大器晚成的同学往往比较倒霉，因为在大学的时候看不出来，看上去确实很窝囊、不起眼，不过在大学毕业以后却能慢慢成长起来。这样的人很多，但是在大学的时候占不到先机，只能吃亏。很不幸的是，我就属于这种人。

当年的大学生要"文体俱佳"才能吸引人的关注。记得我们宿舍有个拉小提琴的同学，为了向一个女生献殷勤，老在女生宿舍楼前拉小提琴，结果别的女生对此很不满，就从楼上泼水下来，淋了他一身。就算这样，同学们依然很喜欢他，因为一开音乐会，一有文艺会演，舞台上灯光一打，他就会大展琴技，大放异彩，所有人都对他深深着迷。

种种因素决定了我的个性。我在农村的时候是一个很开朗的孩子，进了北大以后却变成了一个很不开朗的孩子。后来我成立新东方，同学们都很奇怪：一个闷葫芦，在班里不发言，没有表现过任何才华，也没有谈过恋爱，怎么最后居然能成立新东方呢？

不仅他们觉得很奇怪，我自己也有点奇怪。因为我在大学的时候自卑，导致我胆量非常小。跟男同学打交道还不错，大家嘻嘻哈哈，但在跟女同学打交道方面，我失败得一塌糊涂，毕业以后居然有同班女同学叫不出我的名字来，这也可能是因为我只在班上待了两年。我在北大跨了两个班，在80级待了两年，在81级待了两年，中间一年住院，因为得了肺结核。

我得肺结核，是因为没有谈恋爱——因为郁闷，导致"气"不能散去。所以，人不能随便郁闷，郁闷要迅速地释放出去。

当时我们班有25名男生、25名女生,我天真地想,这样挺好,一配一,大不了最后剩下的那个是我的。但现实并不遂人愿,当年的女生在大学谈恋爱的眼光跟现在一样,都喜欢家庭条件比较好、外表英俊潇洒、才华横溢的男生,而不会看上条件一般、很普通的男生。即使是最普通的女生,也希望找一个白马王子。漂亮的女生一般要过了30岁甚至35岁,发现需要找一个男人安静地过日子时,才会回过头来找一个老老实实的男生。年轻的时候她们不会这么做,因为有足够的青春可以挥霍,也有足够好的外表吸引男孩子为她们服务。

男生也是如此。在未来的发展过程中,漂亮的女生和英俊的男生到最后很容易变成在思想和性格方面缺乏丰富性的人,原因是他们在16岁到30岁这段时间过分关注自己的外表。而关注自己外表这一点又被周围人强化了,比如大家都说好的外表很重要,就会导致他们进一步关注自己的外表,自然就很少去思考怎样丰富内涵、知识、学识、才能、人生经历。

30岁以后,很多人会发现,好的外表已经逝去了,自己其实没有太多真正的收获。而很多普通人因为没有机会,所以闷声"发大才"——"才能"的"才"。很多很不起眼的人30岁以后爆发了,因为他们有了足够的积累,我算是这样的人之一。我在大学期间,因为没有女生跟我谈恋爱,我就自己读书,慢慢让自己丰富起来。

青春是美好的,外表英俊或美丽固然是非常美好的事情,但我建议过分注重自己外表的同学,请同时关注自己内心和精神的成长,因为过了30岁,你总不能说:我现在还挺妖娆的,我现在还挺英俊的。

善于从生活中寻找榜样

坦诚地说，我并不是一个很聪明的人，从小学到大学几乎没得过第一名。不是我不努力，而是我努力了也得不了第一名。唯一一次得第一名，是我连续两年高考落榜之后，在1980年的高考中考了全县外语类总分第一名，正是这次第一名把我送进了北京大学。

也许是因为天资愚笨，我总是羡慕那些比我优秀的人，追随在他们身后，热心地为他们做事。**我的优点就是从不嫉妒比我优秀的人，而总是努力模仿他们，把他们作为自己的学习榜样。**

正是这一优点成就了今天的我。父母是最接近我们的学习榜样，我的父母都是纯朴的农民，他们虽无力教我读书，但他们用勤劳和善良教会我基本的做人道理和是非标准，他们对我的影响是无法用文字来描述的，是我一生都受用不尽的。

我生命中的第一个榜样是雷锋同志，我开始懂事时正值全国学习雷锋的高潮。记得有一次，为了学雷锋，我和另一个小朋友一起为一户人家担水，结果那个小朋友被父母骂了一顿，因为他自己家里的水都没担满，而我母亲却夸奖了我。这样的事情在我小时候时常发生，父母的鼓励使我养成了帮助别人的习惯，这一习惯使我在后来的工作和生活中获益良多。

我高中毕业时正值恢复全国高考，我的一个同学考上了一所大专师范学院。他是当时我们班唯一考上大学的人，在全校引起了轰动。很多同学羡慕一番后都回家变成了地道的农民，我却一直想着这件事，下决心第二年再考，结果又失败了。本想放弃的我看到他暑假回来春风得意的样子，心里不服气，来年又考了一次。这一次轮到他羡慕我了，因为我进了中国一流的大学之一。后来我一直对他心存感激，到现在我们仍是好朋友。

进入大学后，我发现同学都比我优秀，自己真是一穷二白。"穷"是经济上的，"白"是知识上的。经济上的穷不可怕，知识上的空白却让我陷入了极度的自卑。好在我的自卑不是心胸狭隘，最后自卑反而成了我学习的动力。在北大读书的几年，尽管我从没谈过恋爱，却追随了不少优秀人物，公开或偷偷地从他们身上汲取精华。

现在与我在新东方共事的很多优秀人物都是我过去20多年学习的榜样。王强特别喜欢买书、读书，我几乎每星期都追随他逛书店，自己也买书来读。王强迄今已有藏书逾万册，我的藏书虽不及他多，却养成了和他相近的读书习惯。徐小平当年在北大是著名的活跃分子，思想敏锐，口若悬河，我经常听他侃大山，听到激动人心处就赶紧记下，回去暗暗模仿。我上课的风格有一部分就是来自徐小平。另外还有睡在我上铺的包凡一，他独到的批判精神和自嘲精神对我后来的做事方式和判断力产生了很深的影响。

我读过不少名人传记，也仰慕过毛泽东的天才、富兰克林的智慧、林肯的信念、卢梭的坦诚，甚至羡慕过毕加索的多次婚姻。但这些伟大人物离我们的生活太远，他们不如那些与我们朝夕相处的人对我们的影响力大。

所以，我们要善于从生活中寻找榜样，诚心诚意地向他们学习。这样，即使不能超越他们，我们也会变得更加优秀！

自卑比狂妄更糟糕

当有人站在一个大舞台上讲话时,很多人都会羡慕他,也会想,也许我去讲,会比他讲得更好。不管站在台上的人面对的是失败还是最后的成功,他已经站在这个舞台上了,而有些人还只是旁观者。这里面的核心元素不是你能不能演讲,不是你有没有演讲才能,而是你敢不敢站到舞台上来。人的一生有太多事情因为我们不敢,所以没有去做。

曾经,有一个男孩大学整整五年没有谈过一次恋爱,没有参加过一次学生会、班级的干部竞选活动。这个男孩,就是我。

在大学的时候,难道我不想谈恋爱吗?当然不是。那为什么没有谈呢?因为我首先把自己看扁了。我想,如果我去追一个女生,这个女生可能会说,就凭你,居然敢追我?真是癞蛤蟆想吃天鹅肉。要是真出现这种情况,除了上吊和挖个地洞跳进去,我还能干什么呢?所以,这种害怕阻挡了我所有本来应该在大学发生的各种美好感情。

其实，现在想来，这是一件非常可笑的事情，我怎么知道就没有喜欢我的女生呢？就算被女生拒绝了，那又能怎样？这个世界会因为这件事情就改变了吗？那种把自己看得太高的人，我们说他狂妄，但是**一个自卑的人一定比一个狂妄的人更加糟糕，因为狂妄的人也许还能抓住生活中本来不属于他的机会，但是自卑的人会永远失去本来就属于他的机会。**因为自卑，所以我们害怕，害怕失败，害怕别人的眼光，会觉得周围的人投来的全是讽刺、打击、侮辱的眼神，因此不敢去尝试。用一个本来不应该贬低自己的元素贬低自己，使我们失去了勇气，这个世界上所有的门都被关上了。

我从北大辞职出来以后，从一个快要成为北大教授的老师，马上变成穿着破军大衣、拎着糨糊桶专门到北大校园里去贴小广告的人。刚开始我内心充满了恐惧，校园里可都是我的学生啊。果不其然，就有学生过来了，说："哎，俞老师，你在这儿贴广告啊？"我说："是的，我从北大出去办了个培训班，自己贴广告。"学生说："俞老师别着急，我来帮你贴。"

我突然发现，原来学生并没有用贬低的眼神看我，学生只是说："俞老师我来帮你贴。"而且说："我不光帮你贴，我还在这里看着，不让别人把它盖上。"我逐渐意识到，在这个世界上，我们只有克服了恐惧，不在乎别人的眼光，才能成长。

也正是因为有了这样慢慢不断增加的勇气，我才有了自己的事业，有了自己的生活，有了自己的未来。

回过头来再想一想，在全世界非常火爆的我的朋友之一马云，就比我伟大很多。一个人优秀并不是因为考上了北大，并不是因为上了哈佛，也并不是因为长相好看，一个人真正优秀的特质来自内心那种想要变得更加**优秀的强烈渴望，以及对生命的追求、火热的激情**。在马云身上，这两条全部存在。

在我们那个时候，马云能成功，李彦宏能成功，马化腾能成功，俞敏洪能成功，我们这些人都来自普通家庭。今天的你拥有的资源和信息比我们那个时候要丰富100倍，你没有理由不成功。

当我们有勇气跨出第一步的时候，首先要克服内心的恐惧，因为这个世界上，往前走的脚步声只有自己能听见。

所以，我希望所有人能认真地想一下：我内心现在拥有什么样的恐惧，我内心现在拥有什么样的害怕，我是不是太在意别人的眼光。因为有这些东西，我的生命质量受到影响；因为有这些东西，我不敢迈出生命的第一步，以至于生命之路再也走不远。如果是这样的话，**请勇敢地对恐惧、对别人的眼神说一声：**

No！Because I am myself.（不！因为我是我。）

人生最重要的是设定好目标

给广大的学生们一些建议，也是我对自己的要求，我觉得有两点特别重要：

第一，设定目标对一个人来说特别重要。

我曾经找了两批学生做过试验。我对第一批学生说："你们回去要认真读书，每天都要读一点书。"这些孩子就回去读书了。一个月后，我统计了一下，有的孩子读了一本，有的读了两本。

我对第二批学生说："你们每个人每天要读50页书。"一个星期就是350页，相当于一本书。大部分学生一个月读了三到四本书。实际上，我给第二批人设定了一个非常具体的目标——读50页书，而对第一批人只提出了一个模糊的要求——要读书，没有明确告诉他们读多少书。最后的结果是，有明确要求的人效率高出了一倍以上。为人生设定明确目标，并且照着目标去走，收获一定比不设定目标至少多一倍，所以**设定具体目标，**

对人生来说极其重要。

第二，相信进步的力量。

相信进步的力量和奋斗的力量，对年轻人来说特别重要。我不鼓励浅薄的成功学，但是我鼓励个人的成长过程一定要有一种精神，一个人没有精气神，最后不可能获得成功。成功有多种定义，人生在不断地进步和丰富，这种成功比有钱的成功更重要。

同时，我给准备考研、出国的学生的建议也是首先坚定地确定目标。考研不是考着玩，出国也不是为了出国玩，一定要有一个有意义的目标。任何事情只有全力以赴地投入才能有收获，这个收获不是考研了、出国了。

只要努力了，即使没有考上研，即使没有出过国，这个过程也很丰富。我当时为出国准备了四年，因此我对出国流程、对国外入学考试的了解，在中国真的是熟手，所以转身就办成了新东方。很多时候，我们原来的目标没有达到，并不等于这件事情就白做了。

所以，**我对大学生最大的建议是，成与败之间，全力以赴地付出，最终就是成功。**

年轻人要学会读书、交友和独立行走

人是一种受思想指引的动物，你的思想走到哪里，你就会走到哪里；你的理念指向哪里，你就会走向哪里。

我的一个朋友、北京大学教授张维迎出了一本书，叫《理念的力量》，讲的是社会的发展、商业的发展、思想的发展、创新的发展以及一个人的发展，都是人的理念改变的结果。如果你觉得自己是一个自卑的人，那你就是一个自卑的人。理念要从内心深深地相信才行，你要是表面相信，实际上却不相信，就会形成性格分裂。

做一件事是有标准的，比如说一个人救人，你如果说我当时想的是为人民服务，想起了雷锋的先进事迹，那就太假了。但你如果是想把人救起来，觉得不把他救起来不行，这就是一个人的真实想法，这样就很贴近人性。

别看马云那样子，他是真的相信自己长得特别英俊。有一次，我跟他在一起聊天，李彦宏坐在旁边，我说你比李彦宏长得有特点，他说："哪有啊，我比李彦宏帅啊！"

这就是他的自信，他的理念。

我真实地相信，当你的理念改变了，你的思想改变了，你就能改变自己的生活。因为只有思想能创造现实，人就是靠思想来创造现实，然后通过现实反过来再丰富思想。所以，你一定要通过各种各样的办法让自己的理念变得先进。

那么，理念从何而来呢？理念从三个地方来：

第一，大量地读书。要读各种各样的书，海内外的书，英文不会，就看中文的，现在优秀英文书籍一经出版，一个月之内都会有中文版面世。

什么书都拿来读，这样多种思想冲击碰撞以后，你才会通过自己的独立思考形成自己的世界观、人生观、价值观，你就能成为世界上优秀思想的集大成者。我们一年读50本书应该不多吧。我在北大的时候一年读200本书，我读书的速度还是比较快的。现在的大学生一年也就读50本书吧，因为现在有很多好玩的事情，比如谈恋爱什么的，但也不能忘了读书。

第二，与人交往，这一点特别重要。

今天我之所以发现自己还有一些思想，就是因为我周围有一批有思想的朋友。如果我有一段时间不跟人打交道了，就会变得很难受，所以我一个月就会组一两次局，以吃喝玩乐为诱惑，把朋友们招过来，和他们边吃边聊，能从他们身上学到很多东西。

当你发现一个人身上有智慧的时候，你要多和他交流。你身边大量的人对你来说是有用的，关键是你怎么用他们；大量的人是可以交往的，关键在于你怎么和他们交往。

第三，行走。走向社会是一步，全球旅行也是一步，出国留学更好。只有这样，你才能知道世界和中国怎么融合。我从来没有到国外留学过，但每年至少要走三到四个国家，目的是看世界。

我每走到一个国家，一定要参观他们的博物馆，一定要到老百姓的生活区去吃饭，和当地老百姓聊天，一定会到这个国家的大企业去参观访问。我和企业家俱乐部的企业家们每年都有机会去几个国家访问，有的甚至能拜访到总统、总理和商务大臣，和这个国家前十名的企业家聊天、吃饭，这样能在潜移默化中学到东西。

生活是自己创造出来的，未来是自己追求出来的，和别人没有太多的关系，和这个国家本身什么状况也没有关系。

人生的成长有三个要素：读书，交友，行走——读书充电，形成自己的思想、理念，与能让自己成长的朋友交往，自己要学会行走。

我一直用这三个标准要求自己。非常庆幸的是，我到今天为止还不算太落后，我要是落后了，新东方早就倒闭了。新东方与移动互联网结合起来，将会成为一家非常优秀的、拥有全世界优秀教育资源的企业！这就是我的目标。

你要不断地设定自己的目标，这样你就会感觉到很兴奋。

如何度过有意义的大学生涯

大学生开始了大学生活之后，要往前走的话，不需要太关注过去，不需要关注现在所在的大学是好还是坏，不需要关注家庭出身是农民还是工人，不需要关注长相是好看还是难看，甚至不需要关注未来你到底能够到国外去读书还是留在国内读书，因为所有这一切都是外在的东西。外在的东西尽管在一定阶段对我们来说是很重要的，但是从长远的一辈子来说，是不重要的。

以大学为例，进了北大或者清华这样的大学固然好，但并不是每一个走进北大的学生就必然成功。我看到很多北大的学生进了北大就不学习了；很多北大的学生，由于学习压力非常大，心理很有问题；也有一些北大的学生，在大学毕业以后无所事事。当然，我想清华等这样的学校也有这样的情况。但是我也看到很多二本、三本院校的学生，他们在经过了自己全力以赴的努力以后，考上了北大、清华的研究生或者进入了世界名牌大学。

我认识的一个朋友，中专毕业以后，经过了一段时间的工作，发现中专学历远远不够。他之所以上中专，不是因为他笨，而是因为他的家庭条件实在太差。在当时那个年代——大概30年以前，中专一般都是师范学院，而师范学院是不需要交任何费用的，所以他只能选择中专。工作以后，他发现这是远远不够的，就开始努力自学，考上了大专。考上大专以后，他觉得大专学历还是不够。现在一般来说，要本科毕业才能考研究生，但那时只要大专毕业就可以考研究生。

大专毕业之后，他下定决心要考研究生，而且要考就考最好的学校，所以最后目标锁定在北大。他辞掉了工作，在北大外面租了一间房子，努力自学了三年，最后终于考上了北京大学政治系的研究生。从北大毕业以后，他成了公务员，进入了北京非常好的一家中央单位工作。

在中央单位工作的时候，他觉得一杯开水、一张报纸的日子不是自己想要奋斗的目标，所以业余时间就来新东方学托福、学GRE，目标是要到世界名牌大学读书。他在新东方学了差不多两年，考过了这两门考试，最后通过努力进入了哈佛大学肯尼迪政治学院。

毕业以后，他在国外工作了一段时间，刚好遇到中国政府到国外招聘毕业后想回到中国工作的学生的机会。回来以后，他很快进入了中国厅局级管理干部的行列。由于他的志向，由于他的努力，由于他中西方文化结合的背景，他很快成了中国比较重要的管理干部之一。

有无数中专生以中专生结束了自己的一辈子，但是我们也可以看到，由一个中专生到哈佛大学毕业生这一路的奋斗历程。我们常常说，名牌大学的学生好像有一些条件更加过硬，但并不是每一个名牌大学的学生都能成功。

所以，一个人的成功跟他所上的学校没有必然的联系，而跟他内心的冲动、渴望有关系。**一个人可以过贫困、孤独的生活，但不能过内心没有火焰、没有渴望和向往的生活。**

这些渴望和向往，不是指每天渴望吃一顿饭、喝两瓶啤酒，每天交几个女朋友或者男朋友，尽管可以有这些渴望，但是我们应该有更大的渴望，那就是渴望自己能变得伟大，渴望自己能变得成功，渴望自己能变得有影响力，渴望自己能养活自己、养活家庭，渴望自己能为这个社会做贡献。这种渴望是我们走向未来的强大动力。

一个人就像一株植物，如果内心没有渴望长大的种子，他就永远长不大。这是我在中央电视台说过的著名比喻。**如果你内心只有草的种子，你就是草；如果你内心有树的种子，你必然会长成树。**

在人的心里，树的种子和草的种子是可以变换的，不像自然界，让松树的种子变成杨树是不可能的，让草的种子变成松树也是不可能的。但是，人是可以改变的，人的改变往往是一瞬间的事情。只要内心想要把自己变得崇高、变得伟大，就能改变。所以，首先我们都要做到一点，那就是内心有一颗渴望自己成长的种子。

人的成长有两种：一种叫自然成长，另一种叫心灵成长。所有人都可以自然地成长。你完全可以预料到自己到30岁、40岁甚至到50岁会是什么样。现在经过电脑的精确计算，还能精确地看到自己90岁长成什么样。我曾经输入过我的头像，发现我90岁时是一个干瘪、头发花白、满脸皱纹但充满智慧的老头形象。我这个人可能一辈子什么都会丢掉，但是有一点肯定不会丢，那就是我对生活的渴望和对自己创造的渴望。

你可以预料自己大概能活多少岁，甚至可以预料自己的长相会变成什么样。但是，你能预料你30岁能获得什么成就吗？你能预料你40岁获得什么成就吗？你能预料你80岁获得什么成就吗？你预料不到。人只有这一点没法预料，你永远没法预料自己的潜力。但是，你的潜力在什么地方？在你的心里。我从来没有预料到今天我所做的一切事情是我能够做出来的。今天我能做出一点事情来，是因为我对生命有一种内在的渴望和向往。

我的家在长江边上，从小坐在长江边看着太阳从东方升起，从西方落下，看着船来船往，我就产生了一种渴望。这种渴望，后来我总结了一句话，叫穿越地平线走向未来的渴望，就是走向远方。

人一定要有一个向往。正是这样的向往，使我最后能够走进北大。

一个梦想可以催生一片生命。我已经充分意识到，现在走遍中国是不够的，必须走遍世界。因为这个世界上有太多的精彩等待你去探索，有太多的地方等待你去寻找。

也是出于这样的目标，在决定新东方在中国上市还是美国上市的时候，我毫不犹豫地选择了后者。不是因为我喜欢美国，而是因为我知道，走向了美国纽约证券交易所，新东方就走向了世界，它就会把新东方带向一个世界的平台。

你的未来的潜力是无限的，你不要想你现在到底有没有能力。

我有一句话送给所有年轻人：**不要用你的现在去判断你的未来，因为你的未来不可判断，你要去努力。**

大学生应该怎样交朋友

如果有人与你一起坚持一个目标，一定要再拉一个人和你们一起坚持，因为群体干一件事情会比个体干一件事情坚持得更久。一个人走路可能会快，但是一群人走路往往会走得更远。

这个道理我曾经实验过，我们企业家俱乐部曾经做过一个关于"平板运动"的实验。这项运动，世界上最顶尖的人能做三小时。我曾现场看到美国前驻华大使骆家辉能做将近50分钟。我自己在家里做，最长的时间是两分钟，你不信可以回家撑一下试试，能坚持两分钟就不得了了。

有一次，一帮朋友在一起，说大家一起比一比到底谁能撑得更久，我想我最多能撑两分钟，于是就撑下去了，结果居然撑了10分钟。当你面对一群人的时候，你的潜力会爆发更多，你的关注点已经不在你到底撑得有多累上，而在你千万不能输上，"我一定要比这帮人撑得时间更长一点"，结果到最后，虽然还有人比你撑得时间更长，但是你已经到了中上水平。我一个人撑的时候，到现在为止还是只能撑两分钟。

一般来说，一个人不应该去跟别人比较，我说的不要比较，是指不要比较那些世俗的东西，比如名牌产品、长相、家庭收入，但是"我们谁能把这件事情做得更好"是能比的，一较劲大家就都提升了。我和徐小平、王强现在工作在不同的战线上，直到现在我们还在天天较劲，不过是友好的较劲，彼此就怕哪一天你超过我，就是这样的感觉。有了这样的感觉，我们天天都在奋进。

我交朋友有一个要素，就是必须走进比我更加厉害的人群中去，而朋友圈就决定了你的高度。我当时说"交朋友宁为牛尾不为鸡头"，就是说我宁可做牛屁股，跟着一帮牛人跑，也决不当鸡头，带着一帮小喽啰。后来我进入了北大，一帮朋友是北大同学，水平就比上大学前高了很多。

从北大毕业之后，我的朋友是北大的一批老师，水平比同学又高出很多。再后来创办新东方之后，有一段时间我的朋友都变成了我的手下，我感到如此空虚，因为我发现我学不到东西了。

到了1995年，我就不得不再次跑到美国，去把我那帮在国外留学了八到十年的同学招回来。我知道他们的水平比我高，但我还是要把他们招回来，因为可以从他们身上学到东西。在大学的时候，我从徐小平和王强身上学到了东西，当他们出国十年，被我招回来以后，他们的整体水平已经长了一级，而我是一个没有出过国的"土鳖"，所以又从他们身上学到了很多东西。

等到新东方上市以后，我的朋友圈就马上变成了中国最著名的企业家——阿里巴巴的马云、百度的李彦宏、腾讯的马化腾、联想的柳传志和杨元庆、万通的冯仑、SOHO的潘石屹等等。但是，实际上我的水平比他们差很多，那我为什么还要跟他们交朋友呢？为了学东西。坐在一起吃饭的时候，我可以一句话都不说，我给他们端水、泡茶没有问题，但是他们讲的每一句话可能都变成了我的收获，他们讲的每一个策略和安排可能都变成了我做新东方的指路明灯，所以交朋友就要交这样的朋友。

当然不可能一下子进入名人圈，比如现在有些人让我把他带到中国企业家的圈子里去，说我在那里给你们端水、泡茶。朋友圈也是要相对对等的，你必须要找这个圈子里你够得着的人交朋友。为什么在北大的时候，王强和徐小平能够和我变成最好的朋友？理由非常简单，就是我看上了他们的才华。

交朋友是需要自己努力的。我跟着王强读书是需要努力的，王强读书的时候，我就想办法跟他交朋友，因为同班同学比较好交，他出去买书我就跟着他出去买，慢慢地，我们读的就是相同的书，就有话可说了。

徐小平在北大是我们的老师，跟他交朋友是很难的，而且他教的不是英语，而是西方音乐史，他是从中央音乐学院过来的。但是他讲课深深吸引了我，于是我就在周末去敲他家的门。他一开始其实不太待见我，为了让他能够接纳我，我给他买了一支钢笔，金星牌的，价格我记得特别清楚，一块五毛钱，一块五毛钱相当于现在的50块钱。我当时在北大的助学金是每月22块钱，一块五毛钱快抵得上我一个月十分之一的收入了。

我知道他有一帮老师朋友在他家里，星期五我去的时候，一帮老师正在聊天，我就说能不能坐在旁边听你们聊天。要知道老师在一起聊天，学生往那里一坐，老师是特别不开心的，因为有学生在那里，身份不一样，老师聊天的话题就不对了，并且有些话题老师当着学生的面不一定敢聊。徐小平老师告诉我，他们聊的都是男女话题，我不能受污染。我说我刚好需要启蒙知识。

但是不管怎么样,"拿人的手短",徐小平老师最终允许我坐在边上旁听,他当时说听一次就完,我喜出望外,连忙主动给他们倒水泡茶。晚上他们饿了,我就去给他们买方便面,结果他们最后觉得有个学生在那里服务也不错,就接纳了我,于是每个星期五我都去给他们倒水、泡茶、买方便面。

到了第五个星期的时候,我不去了,徐小平老师给我打电话说:"兔崽子,你怎么还不过来?"我说:"怎么了?"他说:"你不来我们连倒水的人都没有了。"可见,到了那时候,不管出于什么原因,他们已经离不开我了。

交朋友是要有方法的,你要去追,你要想办法融入这个圈子,要用一种态度去融入。你要融入一个朋友圈,要么是你得在这个朋友圈有引领作用,要么是你得有思想,要么是你得有服务意识。

在大学的时候,交朋友是一件特别重要的事情,因为你未来一辈子最重要的合作伙伴和帮手一定是来自高中圈或者大学圈,从这两个圈子慢慢往外延伸,才能扩大到与你的高中和大学没有关系的朋友,最后变成你的朋友圈。

你30岁以后所有的人生准备其实从大学时就已经开始了,这是你走向未来的必然保证。难以想象,如果我生活中没有建立高中和大学的朋友关系,我今天能有新东方。

这是我们应该关注的东西:读书,专业,交朋友,人生目标。当然,人生目标不一定是一辈子的目标。

用面对艰难困苦的心态去迎接未来

开始"清理"过去，学会自我管理

从小学到中学，家长和老师最看重的是学生的分数，学生的独立成长性却容易被忽视。进入大学，开始独立生活，才是真正自主规划人生的开端。而在此之前，我们需要对自己的过去进行一番"清理"。

第一，"清理"依赖性。我们曾经依赖家长和老师替我们解决问题，但进入大学后就不能继续依赖他们了，要学会独立管理自己的生活。

第二，"清理"中学知识。那些为高考而学的知识并没有经过真正的独立思考，包括语文、历史等学科，虽然都有标准答案，但是仔细思考还是有不同答案。当然，清理这些需要漫长的过程，不能急于求成，追求一下子的成长。

第三，给自己"清零"。进入大学后，我们要有从"零"开始的心态。很多人认为自己在家庭背景、长相等方面没有优势，会导致起步不一样，但是毛主席说过，"自信人生二百年，会当水击三千里"，其实后面有很多机会去改变命运。

命运不是恒定的，命运是可以被改变的——不管你在什么起点，人生中总有好的东西在等你。我刚从农村出来时连普通话都说不好，但是我有一种不放弃的精神，最后我努力出了一个"新东方"。所以，我们要看到自己的成长性，而不是停留于现状。"清零"之后，用自信和良好的心态张开怀抱，迎接人生的各种挑战。

把理想转变为驱动力，水滴石穿，成就未来

"规划"是人生的必修课，大学伊始，我们就要清楚大学四年自己要做些什么，树立理想和目标。大学毕业后有找工作、考研和出国读书这三种选择，我们可以沿着这三条路思考。方向选定以后，用的力气不一样，所以选择方向很重要。

首先，在选择方向之前，大一要想清楚学什么专业的问题。很多同学入学时，专业是盲选的，真正接触后不太喜欢。我建议选择专业要看学这个专业能否学到东西、能否锻炼大脑思维等，要理性选择，不能光凭感性和喜欢。大学毕业之后，50%的人会从事与本专业无关的工作，但是在专业研究中学到的技巧和思维会派上用场。所以要选一个能真正学有所得的专业，这很重要。

其次，要对自己的人生进行思考，想想一辈子大概想做什么。只有准备好了，才能顺利实现理想。我大二时知道自己想当老师，因为我喜欢读书，喜欢校园美丽的环境和学生，然后开始做准备。我所学的内容，所阅读的书籍，所汲取的知识，都是朝着这个方向努力的。

其实，新东方并不一定是我想清楚了要做的事情，但它是"我要当老师"这个理想的延续。新东方的成功带有一定的偶然性，但偶然性后面是必然性。因为我在大学时就不断获取知识，后来传播给别人，新东方就变成了一个自然的结果，这就是"但问耕耘，不问收获"。

记住，奋斗的状态也是追求理想的一种！

树立理想之后是瞄准目标。目标是一个比较具体的概念，是在某一段规定的时间内完成自己给自己规定的任务。目标非常重要，如同自己拿着一根鞭子鞭策自己前行。目标的设立要有合理性，如果某一天心血来潮说今天我要背500个单词，这肯定是完不成的。

目标和理想加起来就变成了一个大理想。 在我们的成长过程中有一个特别重要的态度，这个态度就是：不要原地踏步，要坚持进步。因为只有点点滴滴地进步，我们才能够在最后看到一个巨大的成就。我在自己的发展过程中有两点做得还不错。第一点是坚持进步，一直到现在为止，我也没有放弃过每天的学习。第二点是敢于在一件事情失败以后重复去做。

这两点，我希望所有年轻人都能做到。

养成"独立之思想，自由之人格"

在大学，读书比任何东西都重要。我们在中学没有建立知识结构，到了大学之后，很多老师也不要求读书，但是我们得要求自己读。要广泛阅读，上知天文下知地理，而不是只限于专业书籍。广泛的知识才能带来广泛的思考能力。书本中含有大量独立思考的内容，能引导我们培养思考能力。

个人的发展和国家的发展离不开独立思考，记住，读书能让我们变成有独立思考能力的人。"独立之思想，自由之人格"是我们一生要追求的东西。

此外，还要"行万里路"。寒暑假的时候，不要把自己关在宿舍里，要到全国各地去旅游，多走走。同学之间可以成立调查团和社会实习团体，如对农村留守儿童进行调查，通过这样的活动，可以更加了解社会现状，帮助我们成长，推动社会进步。也可以去大公司实习。

广交知己，真诚待人

在大学，还有一件事情是交好朋友。交朋友要先从自己的同学开始，也可以在社团里交到志同道合的好朋友，或者与社会上的一些人交朋友。交朋友不只是为了吃喝玩乐，还要一起探讨问题，共同成长，为未来的事业奠定基础。同时，在你人生孤独的时候，也可以找朋友谈心交流。

还有感情问题。大学里很多学生都会谈恋爱，恋爱本来是一件美好的事情，但也有很多冲突矛盾，甚至发生人命关天的事情。这是大学生不太成熟的恋爱观念导致的。谈恋爱要注意：第一，恋爱必须是一件宽容大度的事情，容得下对方才能走好下一步。第二，要接受大学恋爱很脆弱这个事实，因为我们随时可能分开。第三，记住在感情中要真情投入，才能互相信任。大学的恋爱就是一个体验的过程，而不是一个结果，所以最重要的是投入真诚，遇到问题的时候，一定要想得开、看得穿。

在大学期间，保持积极、乐观、向上的心态，才能让我们勇往直前。遇到困难和挫折时，记住"留得青山在，不怕没柴烧"，切勿走极端。用面对艰难困苦的心态去迎接未来，就是最好的心态。

总而言之，大学生活既是一场幸福的旅程，也是一段充满挑战的旅程，这段旅程能否成功，就要看大家的个人努力了。

方向要对，交往要准，规矩要严，做人要暖

我有16个字送给现在的年轻人：方向要对，交往要准，规矩要严，做人要暖。

人生大方向，人生观、世界观、价值观一定要对，不做坏事是底线。什么是坏事？每个人有不同的看法，但至少法律禁止的事情你不能去做。

交往要准，交往朋友要准。你要交有能力、人品比较正直的朋友，不能只交吃喝玩乐的朋友。现在要谈恋爱，将来要结婚，我个人的人生体验和周围朋友的体验是，谈恋爱谈错了没关系，但是结婚非常重要，哪个人陪你度过一生是一辈子的事，如果交往不对，人生会被折腾死。

规矩要严。规矩养成了，对你来说有莫大的好处。比如说我定的规矩是，每天再忙，读书也不能少于50页，这个规矩促使我不断地读书。

做人要暖。做人的时候要尽可能给人温暖，让周围的人觉得你这个人就是诚信可靠，有什么困难都可以来找你，你就是一个热心人。你的

头脑中就没有七七八八的东西，让人一下子觉得你这个人非常可靠，当你有困难的时候，就会有无数人来帮你。我发现做好人是有好处的，这个好处也许不能明天就给你回报，也许不能十年以后就给你回报，但一定会有回报。

还有一个关键词就是坚持。我们如果认定了一件事，就要坚持。我还是非常坚持做自己想做的事，高考考三年，我根本就不知道希望在哪里。我做新东方22年了，还在坚持。一路上有无数的艰难困苦，我都扛过来了。坚持下来了，可能就有成果。一开始做专注的事，最后叫脱颖而出。

另外，在关键时刻，人生要敢于舍得。我要是舍不得北京大学的教学岗位和安逸的生活，就不可能有新东方。马云和我一样，他要是舍不得的话，就不可能有现在的阿里巴巴，他比我还要坚忍不拔，他做第五家公司才做成了阿里巴巴。每个人都要有这样的舍弃精神，才能得到新的东西。

这就是我们在人生中需要不断去想的问题。你要是舍不得现在优越的拿工资的生活，你怎么能创业呢？创业意味着要么成功，要么一无所有，你要有这样的勇气才行。舍不得旧的生活方式，怎么会有新的生活方式呢？所以要先舍后得，这是非常重要的一件事情。

最后，在前面要素的前提下，不断让自己成长，可能就会长成一棵参天大树，绝不能仅仅认为自己就是一棵小草。社会中的人，有5%的人会获得比较大的成就，而我在周围的朋友中调查的结果显示，这5%的人之所以取得比较大的成就，绝对不是因为他们智商高，而是因为他们在不断地成长，不断地学习，不断地坚持，不断地追求未来。

希望我们都把自己的生命燃烧起来！

让生命之光指引向前

对大学生们来说，即将毕业的时刻一定很开心，因为终于可以毕业了，可以告别枯燥的课堂、讨厌的老师、晚上的熄灯，还有几个人挤在一个宿舍的生活。但是我们没有意识到，自己其实在告别人生中不可重复的一段最美好的生活。

离开大学校园后，我们才会意识到大学是自己一生中最值得纪念、怀念的时代。跟同学的争吵会变成美好的回忆，宿舍的拥挤会变成美好的回忆，就连老师上课的点名也会变成一生中美好的召唤，即使是校园外面苍蝇飞舞的那家小饭店，也会时常出现在梦境中，让我们回味大学四年的青葱岁月。

随着时间的推移，很多在我们的生活中、学习中感觉痛苦和迷茫的事情，都会慢慢变成美好的回忆，我们的生命会不断改变，但大学四年在我们身上留下的印记将会伴随我们终生。

很多同学在大学取得了很好的成绩，也有很多同学的成绩并不是很理想，但这一切都已经留给了过去。毕业之时，我们既在告别过去，同时又在迎接未来。对那些学业优秀的同学，自然要祝贺，因为他们没有浪费大学四年美好的岁月，把学习当作自己的首要任务。

但是对那些成绩差、在大学混日子的同学，也要表示祝贺，因为能混到今天并且还毕业了，表明他们非常有能耐，也非常有勇气。一次次面对不及格，仍然保持着自己坦然的个性，我认为这也是做大事的性格。

但我们要记住，在大学混日子还算是比较容易的，因为大学一般比较宽容，大学老师通常也比较宽容。但进入社会后，希望大学生在保持坦然和勇气的同时，改掉自己混日子的习惯，因为除了父母能容忍我们混日子还给我们钱之外，世界上大部分老板是不会允许员工混日子的。有的同学说那就去创业，自己当老板。我已经当了二十几年老板，我知道当老板比当员工苦十倍。所以，大学生走出大学的校门之后，面对的并不是一个轻松的未来。

进入社会后，随着自己的努力，有些同学会取得成功，但有一些同学在成功之前，会有一次又一次的失败和气馁。人生一辈子是靠勇气走出来的，所以从长远来说，很多轻而易举的成功不是真正的成功，而很多失败实际上给未来的成功打下了很好的基础。我个人感觉，失败和苦难给一个人的经验和动力将比任何成功都要更多。

当然，这里有一个前提条件，那就是愿意在失败和气馁中重新鼓起勇气，奋勇向前。成绩的好坏只能表明大学生在大学的努力，未来也许成绩好的同学一辈子都是打工的，成绩差的同学也有可能当老板，人生事事不可预料，我们唯有在过程中努力而已。同时，希望大学生在毕业后继续保持大学时纯粹的友谊，因为有一天可能还能重新走到一起，要像电影《中国合伙人》中所描述的那样，一起奋斗，一起创业。

世界上很多美好的东西，随着时间的推移会变得无聊。大学时代的感情生活会让我们刻骨铭心，曾经的恋人会永远在心里留下如梦似幻的美好感觉。如果大学生在大学很真诚、很认真地恋爱过，我表示祝贺，如果还打算毕业后结婚，那就更加了不起，从大学校园开始的感情，往往能更加持久。

但是在我的人生中，我看到过很多大学同学在结婚以后开始吵架，最后离婚，以至于把在大学期间的这段最美好的感情变成了怨恨。所以，在大学时谈恋爱可以，但结婚则要慎重考虑，这样就能把大学恋爱的美好回忆一辈子留在生命中。

当然，没有人能阻止两个人想结婚的疯狂想法，因此建议大学生不要带着玫瑰色的眼光走进婚姻，就像不要带着玫瑰色的眼光走进社会一样。要学会承担责任，互相用心爱护，一旦吵架就回到校园来走一走，也许曾经坐过的某张椅子，曾经待过的某处树林，就能把美好的感情找回来。

憧憬新生活是人类的天性，因为人类就是活在希望中的，大部分同学都沉浸在对未来美好工作、美好生活、美好爱情的期待中。但是憧憬归憧憬，之所以我们把憧憬叫作希望，是因为它还没有变成现实，所以，我鼓励大学生为美好的工作、生活、爱情、婚姻和家庭去努力奋斗。

但是可以肯定，很多同学在茫茫人海中会迎来平庸空洞的一生，生命会变得不值一提，还有可能一事无成。所以，我给大学生一个实在的建议：对自己的未来不要抱太大的希望，因为希望越大，失望越大。任何伟大的未来，第一步其实都是非常卑微的。从第一步开始就踏踏实实，也许会有更加美好的未来。

很多同学并没有找到理想的工作，但是只要有工作就是好的，哪怕是打扫卫生。一个人能做成事情是从踏踏实实、认认真真开始的。我们和西方的差距，不是人与人之间智慧的差距，不是人与人之间知识的差距。有些人常说中国人比全世界很多国家的人更聪明，中国的高中毕业生数学成绩排在世界第一，但是全世界前100位数学家中，中国人寥寥无几，那是因为很多我们一直生活在功利、短见和浮躁之中。希望大学生能踏踏实实地开始新的生活，把每一件事情做好。

德国人已经跨进了"工业4.0"时代，因为他们做任何一件事情都有"匠人之心"，一丝不苟。所谓"匠人之心"，就是把每件事情做得极其完美，哪怕是做一双鞋、一把螺丝刀，他们也能做出全世界最好的来。中国经济在飞速发展，但是我们眼看着有些十几年前建造的楼房和桥梁开始倒塌，一个个生命被这些劣质的建筑掩埋。希望我们能从自己做起，把每一件事情认真做好，不要好高骛远，不要急功近利，也许这样才能走向人生最好的工作和最美好的生活。

尽管面对毕业很开心，但实际上我们正在告别的是生命中最纯净的一片土地和环境。即将踏入的社会，从某种程度来说是一片混沌。我们一定会遇到太多的委屈、太多的不公平、太多的诱惑，让我们的心灵难以承受。

但是面对这一切，还是希望大学生能充分把握自己，不管遇到多少糟糕的事情，都能心存理想，留一点与众不同的精神，留一点不落俗套的气质，留一点正直、正义和面对困难不屈不挠的勇气，留一点悲悯和仁义。人最重要的是不要把自己变成一堆垃圾，不要把自己变成一具行尸走肉，不要让自己的灵魂毁灭，不要让自己的欲望膨胀。

每个个体的力量都是非常有限和卑微的，但是我相信，只要我们内心保留一点灯光，生命就必能有动力前行。当我们身处黑暗中，走向光明是非常容易的一件事情，但是从单纯的光明走向黑暗，还能从黑暗中寻找出自己的生命之路和生命之光，那是一件需要有勇气和伟大气质的事情。

大学生从大学走向社会的过程，就是寻找自己的生命之路和生命之光的过程，走向社会还能保持理想，保持正义和悲悯情怀，就一定能够引领自己的未来。希望大学生能坚持让生命之光指引向前。

最后，我们一辈子都要保留一些信念，我自己是在信念中一直走到今天的。不管身处何地和何种环境，我们都要相信，理想最终一定会战胜平庸，正义最终一定会战胜邪恶，善良和诚恳最终一定会战胜恶毒和虚伪。如果说有些时候实在不能讲真话，那可以不讲话，但不要帮着人讲假话。

美好和平的社会需要我们每个人的共同努力。乌云过后会有彩虹和阳光，冬天过后会有灿烂的春天。今天这个时代应该算是一个美好的时代，给了我们太多的机会和想象，但即使我们身处最坏的时代，也一定要做最好的自己。

希望我们一辈子都能成为最好的自己。

Chapter 2

梦想

——坚持梦想，不忘初心

愿 你 的 青 春 不 负 梦 想

青春一定要有梦想

每个人的青春一定要有梦想,我觉得梦想最重要的是两个要素:一是对未来要有热情,二是要坚持自己的爱好。

对未来要有热情

在长大的过程中,你对未来要有热情,要有积极向上的心态。什么叫热情?当你想到未来,想变成一个什么样的人的时候,你就会感觉很激动。

中国的考试有一个问题,就是要求学生每门课都考好。当然,基础知识是必须要有的,比如说如果你是搞文学艺术的,应该有基础的文学艺术知识、语文知识;如果你是搞科学的,应该有基础的科学知识,否则连地球是圆的还是方的都不知道就麻烦了,这是基础知识。

我们的教育存在什么问题?我举一个简单的例子。中国中学生的数学能力相当于美国大学一年级学生的数学能力,美国的高中生考大学的考试叫SAT考试，现在如果我把SAT考试翻译成中文让人做数学题，初一的同学都可以得满分，更别说初三的了。美国研究生的入学考试叫GRE考试，它要求的数学水平是中国初二到初三的数学水平，所以中国的学生考美国研究生的时候，数学不用复习都能考满分。照此推断，全世界最伟大的数学家应该都在中国。

反过来看美国人的数学水平。我曾经在美国买一件东西，价格是23块5毛钱，我手上有一张100块钱，还有3块5毛钱的零钱，我就给了收银员103块5毛钱，我这么做是为了让他找零钱方便，一下找我80块钱的整钱。如果是中国人，一秒钟就算出来了，但那个美国收银员说，你这是干吗？你给我这么多钱干吗？我说我让你好找钱啊，他说我根本算不出来应该找你多少钱，你老老实实给我100块钱，我用计算机一按，就知道找你多少钱了。他们完全算不出来，可想而知他们的数学水平了。

从现在开始，一定要坚持自己的爱好，因为中国的教育制度现在是改变不了的，你每门课都要考好，但是我相信，中国很快就会重视在某些领域有特长的学生，现在已经开始有前景了，比如高校自主招生考试就会对学生的特长进行认真考虑和发掘。

我建议，你如果发现生活中某件事情或东西真是你的爱好的话，一定不要放弃。比如你喜欢读小说，千万不要放弃，因为这个世界需要小说家。有篇文章叫《科学万岁》，说只有科学在世界上是统一标准的，文学在全世界没有统一标准，各个国家有各个国家的文学，我认为这句话是错的。

任何文学只要有打动人心的东西，都是相通的。在全世界任何一个地方，你背泰戈尔的诗歌，读莎士比亚的戏剧，都会让人感动。我们每一个同学看世界上最伟大的电影都会感动，例如《功夫熊猫》，这么一部动画片能在全世界流行，大人看，小孩也看，不是因为熊猫好玩，而是因为在《功夫熊猫》中体现了艺术、感觉，这些东西全世界人民都能接受，这样的电影给人类带来的喜悦和科学给人类带来的喜悦是不相上下的。

我尤其反对未来的梦想是发财，最怕的是年纪轻轻就在比较，他老爸是当官的，他老爸有钱，我老爸什么都没有，我怎么会生在这个家里呢？你现在才十二三岁、十三四岁就变得如此俗气，又想当官又想发财，你这辈子基本上就没戏了。

人类最重要的是什么？是青春年华的纯粹。

什么叫青春？青春就是一干二净，想的是最美好的事情，有钱绝对不是人生中最美好的事情，当官绝对不是最美好的事情，如果说你这个年龄真的很想当官和想要钱，还不如去喜欢上一个女孩、一个男孩来得更加重要。当然，我不是鼓励初中生谈恋爱，这个年龄谈恋爱还太早了。我的观点是，**青春几乎就是没有性别的互相欣赏，青春就是对自己爱好的坚持，青春就是同学之间完全没有隔阂的友谊。**

要坚持自己的爱好

我讲一个企业家的故事。中国有一个农民创办的汽车集团，叫吉利汽车集团，老总叫李书福，是我的朋友。他小时候特别不喜欢读书，成绩不好，学历也不高，但他是中国大型汽车集团的老总。他喜欢拆东西，家里有一辆破自行车，他就把自行车给拆了，拆了还能装回去。

改革开放以后，李书福家里买了一辆摩托车，这辆摩托车的命运是什么？李书福要是不把摩托车拆了，手就会痒痒，即使他老爸打他也不管用。每次他拆了摩托车，他老爸就打他一顿，装上又拆再打一顿。即使面临如此威力，李书福仍然保持勇敢无畏的精神，以最快的速度把一辆摩托车给拆了又装上。

人有两种脑袋，有的人天生拥有读书的脑袋，有的人读书读不进去，但是做事的脑袋很灵活。比如李书福，你让他背100年都背不出来一本书，但是他有做事的脑袋。

于是，李书福就想：我既然有这样的本领，把摩托车拆了又装，装了又拆，我为什么不去买所有的摩托车的配件自己装？于是他就去买摩托车所有的配件，回来自己装了一辆新的摩托车。接着，他就想，如果我成立一家摩托车组装厂，装了摩托车就可以卖给别人了。企业家的脑子这时候就表现出来了。他给组装的摩托车起了一个品牌名，叫吉利。尽管摩托车质量很差，不过卖得很便宜，结果风靡整个浙江。

后来李书福想要造汽车，汽车容易造吗？长春一汽为了造小轿车引进了德国技术，上海一汽生产桑塔纳也是引进德国技术。于是就有人开始警告李书福说："李书福，你太过分了吧？你造造摩托车就算了，汽车也是你能造的？人家两大汽车公司造汽车都是从国外引进技术的，你一个农民怎么造汽车？"李书福回答说："哥们儿，造汽车有什么难的？不就是把两辆摩托车焊在一起吗？简单得不得了。"他真的把两辆摩托车焊在了一起，将把手换成了方向盘，在上面加了一个顶盖，最后变成了一辆汽车。

事情就是这么做起来的。**当科学家也好，当文学家也好，一定要有一个前提条件——不要把事情想得太复杂。**李书福如果把事情想复杂了，绝对不会有今天的吉利汽车集团。

所以，我用这个故事说明人生就是一种突破，你去坚持做自己喜欢做的事情，到最后一定会有突破。

坚持用理想引领人生

很多人一辈子都是稀里糊涂过去的，不稀里糊涂过去的人有一个本领，他知道远方有什么东西在等着他。当然，有些东西不能作为远方的梦想，比如钱。钱是好东西，但钱绝对不等同于理想。对于一个有思想的人来说，钱越多越完善；对于一个浅薄的人来说，钱越多越浅薄。

美国有一个人叫马丁·路德·金。美国宣布黑人解放以后，黑人并没有真正解放，比如坐公交车时，黑人不能有座位，必须站着。马丁·路德·金通过非暴力行动，为一个小城的黑人争取到了选举权，后来他又迫使当时的美国总统约翰逊向全国宣布，美国黑人有跟白人一样的选举权。这就是理想，这就是光辉。

我们不一定都要有这样伟大的政治理想，但即使是像我们这样的小老百姓，也要有自己的理想。你的理想可以一辈子只有一个，也可以有几个阶段性的。阶段性的可以叫目标，一个个目标连在一起不就变成理想了吗？

我的人生就是由一个阶段性目标连着另外一个阶段性目标组成的，每个阶段都给我带来了上升的动力。第一个目标——上大学，经过三年达到了；第二个目标——当北大老师，经过努力当上了；第三个目标——出国，因为没有钱，最终没有出去。虽然如此，但我对所有留学考试、出国流程已经烂熟于心，于是创办了新东方，把一批批中国学生送出国留学深造。当然，我创办新东方的时候目标还是想出国，想挣钱作为自己的留学费用。

到了1995年，我发现新东方这么好一片事业，怎么能放弃呢？我日常生活的钱已经赚够了，接下来必须把新东方转变为一项事业。当然，我可以继续把新东方做成家族企业，每年赚个几百万元也很开心。但是这不是我想要的生活，我总觉得自己要更加崇高一点，所以我决定把国外的同学请回来跟我一起做新东方。

于是，大家都回来了，我们的目标是把新东方做大，下一个目标是到美国上市。那时候，新东方是一家土培训机构，到美国上市就像登上珠穆朗玛峰摘取闪耀的星星，怎么够都是够不到的。但因为有了这样的理想，后来新东方果然成了国内第一家在美国纽约证券交易所上市的教育机构。

现在，我还有一些阶段性理想，比如希望做出中国最好的私立大学，一点一点做。我创办了一所大学，叫耿丹学院，我经常给这所大学的学生发书，要求他们必须读完。我送学生每人一套《浪潮之巅》，因为这套书记录了全球最知名的IT公司的兴衰成败和世界近30年来在信息技术方面的变迁。这套书是对30年信息浪潮发展的总结，也是理想的体现。

我也希望自己有生之年能走遍世界的文化名城和文化之地，一边走一边写下自己的感悟，我现在每年有一个月的时间去世界各地走。另外，我的理想是，在自己的有生之年鼓励中国一代又一代年轻人不断生发出创新、创业的思想和冲动，因为我认为一个国家未来的成就取决于年轻人有多大的成就。

为此，我参与了很多投资基金，也成立了自己的投资基金——洪泰基金。我不仅自己投，也"忽悠"周围的朋友来投，让大家共同参与中国未来的创新发展。

人的理想不一定始终如一，可以有阶段性小目标，经过不断实现小目标，最终实现大理想。 不管成功还是失败，每一步我都像在驴眼前放胡萝卜一样，驴想吃胡萝卜就会一直往前走，尽管可能一直吃不到胡萝卜，但是因为眼前有了胡萝卜，它就会不断地走。我们不能像驴一样原地打转，但是眼前必须有胡萝卜，可以一根巨大的胡萝卜，也可以是几根小胡萝卜。胡萝卜就是我们的理想，引领我们向前。

勤奋加坚持很重要，该坚持的时候一定要坚持住。我当年的高考目标是上一所地区师范中专，于是我坚持学习，奋勇向前，正因为有了这样的坚持，我最终才考上了北大。

我们想做的任何事情都不要随便放弃，放弃和不放弃有个点要把握好，当你已经完全走向绝境的时候，放弃为好。比如，你追某个人追了十次，人家还不答应，如果不放弃，表明你这个人没有自知之明。如果你在追她的过程中不断展现个人魅力，对方可能会慢慢喜欢你。优秀的女孩不是你随便追就能追上的。我曾经说过这样的话，追一个人是追不上的，必须不断丰富自己的内涵，增加自己的吸引力才行。

我曾经读到一句话，非常有同感：**与其追寻全世界的骏马，不如种植丰美的草原，到时骏马自然会来。** 最重要的是让自己变成一个有内涵的丰富个体，然后你只要往那儿一站，你想追的人自己就会过来。

人生不就是一片丰美的草原吗？但是，一个人丰富自己的过程不是一天两天完成的，不是因为有某种天赋，比如会唱歌，就能上《中国好声音》，也不是因为天生丽质，就能上《非诚勿扰》。我觉得这些都不可取，唯一可取的是让你自己本身变得越来越丰富，越来越有气质，越来越有智慧，越来越有判断力。

这些东西要通过什么才能得来呢？通过不断磨炼，包括读书、交友、听名师讲座、阅人无数。在这个过程中，要不断加强个人领悟，领悟自己，什么东西让自己变得更加有常识，让自己的坏习惯越来越少，让自己从某个点突破，让人觉得你不错，这些东西都需要你一点一滴去做。千万不能着急，这件事就像在沙漠中培养一片绿洲，或者种出一棵大树，你需要天天非常勤奋地施肥浇水才行。

如果做好了这件事，剩下的一切都比较好办了，只要等待机会来临就好了。因此，最后一步就是抓住机遇。我们处于这个大时代就是机遇。我做新东方为什么会成功呢？我现在再做出国考试培训班不一定有人来，首先有新东方已经在做了，其他很多培训机构也在做。当时尽管也有不少培训机构，但新东方的讲课水平比他们高得多。其次，当时允许中国学生自费留学的政策刚好出来，国家不再限制个人出国，我抓住了机遇。但如果没有之前联系出国三年的失败，我就不可能抓住这个机遇。

对准备好了的人来说，机遇无处不在。有人问我到底是应该出国，还是应该读研究生，还是应该大学毕业后就工作？我说，这个问题不用问，任何一个方向都会给你带来新机遇。我在北大读研究生，让我读中古英语，我就不学了。出国也没有出成，但是我创业成功了。关键是自己选一个方向。有些人说这三个方向不知道怎么选，我说："写三个阄儿，随便抓一个。"有一个女孩遇到两个男生追求自己，不知如何选择，问我怎么办。我说："简单啊，抓阄儿，打开一看，呵，俞敏洪。"这不就挺好吗？

　　当自己的智慧没有办法决定往哪个方向走的时候，让老天帮你决定，生命会变得更加简单。照着这个思路去做，生命或多或少会更加丰富一点，甚至会取得很大的成就。

内心要有渴望，更要付诸行动

　　人有的时候不一定是想做什么事情就必然能做成。当然，首先你想做什么，要勇于去做。很多人都希望自己的人生能够过得更加幸福，更加快乐，更加有钱，更加有社会地位。但是，我们大部分人追求这些东西的动力其实并不是很够。也就是说，你从内心渴望，并且把渴望转化为行动的能力，其实并不是很够。

　　人有一种本领，就是能把心中所想的事情通过自己的努力变成现实。但是心中所想的东西的前提是你想，你要，你想要，强烈地想要，最后你才能够把你想要的东西转化为现实。

　　人有两种能力：第一，想的能力；第二，行动的能力。这两者缺一不可。你光想，不行动，永远是个空想家。有无数人想过美好的生活，但只是想想而已。但是如果你光行动，不想怎么行动，也不行，因为光行动，乱行动，心中没有想法，没有方向，到最后就会像驴子一样原地打转，一辈子没什么长进。

其实大部分同学在大学毕业后都会去工作，因为创业的同学毕竟是少数。工作以后，你很快会陷入一种习惯性的状态，就是每天工作八小时，下班后很累，第二天依然工作八小时，你再也没有能力去想你的人生会走多远。你慢慢就会很习惯这种每天八小时的工作和累，一辈子飞快地就过去了。

对我们来说，应该想什么东西呢？我认为人要有两种想法。

第一种想法是想一辈子的事情，也就是你一辈子到底想干什么。第二种想法是想你眼前的事情，也就是这几年你想干什么。对大学生来说，一辈子的想法就是，我这辈子到底想要变成一个什么样的人。

比如学医的同学想变成著名的医生，学艺术的同学想变成中国最著名的画家，这些想法都非常好。中国著名画家张大千从年轻时开始，一直到80多岁去世，只有一个想法，那就是集天下绘画之大成，把自己变成全世界最伟大的画家。张大千一辈子没想过别的，只想远离政治，远离人世纷争，任何地方只要有政治，他都退避三舍，因为他知道他耗不起，他必须把自己的时间全部用在理想上。张大千最后终于成了全世界非常伟大的画家之一。

也有同学说，我这辈子想要变成中央领导，这个想法比较难实现，但还是有同学坚持理想。

所以，人有的时候一辈子想清楚了，是一件特别幸福的事情。但是，我们大部分人其实一辈子都想不清楚这辈子会变成什么样的人，但想不清楚也没有关系，就想眼前，想想在大学希望得到什么东西。反正我到今天为止从来没有想清楚，我既没有政治理想，也没有经济理想，甚至没有文化理想。

有的同学说,你没有理想怎么会站在这个地方呢?因为我是典型的第二种人,也就是走一步看一步的人。所以,其实走一步看一步也不是坏事,因为没有多少人能想清楚自己这一辈子到底要干吗。所谓的走一步看一步,就是每三到五年制订一个计划,列出未来三到五年自己想干什么。

我的人生走到今天,其实也是有规划的。我的第一个人生规划是我在农村时制订的。当时我们整个乡还没有"考大学"这一说,我当时在农村给自己的规划是把自己变成一个优秀的农民。同学们可能会觉得很奇怪,农民也分优秀不优秀?分,我14岁就是县里的插秧冠军,16岁就成为我们公社的优秀手扶拖拉机手,我是干农活的一把好手。

到了16岁的时候,国家突然允许所有的孩子考大学,我知道这下我可以离开农村了。离开农村一直是我的理想,实现这个理想只有一个办法,那就是考上大学。我并没有想要考北大,只是想要考上大学。我有一个特点,那就是我一旦认准了一条道路并且觉得自己可以走到终点,就会坚忍不拔地走下去。

人最怕的就是碰到困难挫折就轻易地放弃,但也不要去想不切实际的东西。比如我从来不去想我要到月亮上去,我从不去想我要登上珠穆朗玛峰,尽管我有好几个朋友已经成功登上去了,但我会想通过努力做到我想做到的"十强"。

在农村的时候,我就决定要考大学,在两次失败的基础上,第三年我取得了巨大的成功——被北大录取了。坦率地说,我从来没想过要去北大,只不过当录取通知书放到我桌上的时候,我不能不去——因为我的分数超过了北大的录取线。

进入北大以后，我的学习成绩并不好，在北大过得很郁闷，也很自卑。但是，我希望从大学毕业后，自己的下一步是留在北大当老师，最后我通过自己的努力，留在了北大。

挡住我们前进的，恰恰是我们自己

现在有多少大学生有梦想？有多少同学有10年、20年甚至一辈子不改变的信念？又有多少同学有勇气坚持自己的信念，用自己的坚持向世界证明自己的与众不同？

有太多的人，在日常生活和学业的折磨中开始放弃自己。这个世界有太多的艰难，今天有风，明天有雨，所以有些人认为我们还不如去过"老婆孩子热炕头"的生活。我们不断长大，童年过去了，青年过去了，不知不觉走向中年，走向了30岁出头。

有多少人在30岁以后还能告诉自己，必须坚持？我们大部分人日益变得平庸，人生充满迷茫；我们因为碰到各种各样的困难，因为失恋，因为大学毕业后找不到工作，因为创业找不到资源，变得越来越胆怯，越来越懦弱。我们开始放弃自己的梦想，我们甚至放弃自己最需要的进步。最后，我们附和社会，还给自己起了一个非常好听的名字，叫"和光同尘"。其实是你把自己的光熄灭了，你的精神和灵魂上覆盖了厚厚的尘埃。世界上80%的人都在默默无闻中度过自己的一辈子，都在抱怨中过着每天的日子，对社会以及周围的亲人和朋友不满，用颓废来打发日子，从来没有想过自己身上到底丢了什么东西。

实际上，你丢掉的是梦想，是坚持，是信念。你丢掉了最重要的东西，保留了无端的疑惑，再也不相信任何东西。你留下的是平庸、迷茫、懦弱、放弃和附和。

我为自己感到庆幸，我已经过了50岁，但我依然每时每刻都在问自己：我的梦想在哪里？我的信念在哪里？我还在坚持什么？我是不是已经变得懦弱，变得平庸，变得放弃了自己的理想和远行的决心？

每个人的生命都需要突破、突破再突破。挡住我们前进的，恰恰是我们自己。十年前，我曾带着一帮已经是企业家的朋友到呼伦贝尔草原去玩，我们看到草原上的连绵山坡在蓝天的映衬下如此美丽，但是山坡下有道道铁丝网。我们很想翻过铁丝网，看看山坡上的草原到底是什么样的，但没有人敢越过一踩就能过去的铁丝网。

我成了第一个勇敢的人，翻过了铁丝网。同行的朋友拦阻我，说你千万别过去，那是别人的领地，而且牧民可能会有枪。我说，那么美的山坡，为什么不能去看一看？牧民也是人，就算看到我闯入领地，顶多骂我一下。山坡其实也就40米高，在坡顶上，我看到牛羊满坡，草地高低起伏，一直延伸到天边，正是"天苍苍，野茫茫，风吹草低见牛羊"的壮阔景色。我大喊一声，所有人都爬到了坡顶。其实那些铁丝网只是为了防止牛羊跑到邻居的草地上。因为包产到户，所有的草地都分给了牧民。

因为胆怯或者服从，大部分人一辈子没有任何精彩，就算有欢乐，也只是跟朋友喝酒的欢乐，或者老板给你多发了200块钱奖金的欢乐。我们陷入世俗的平庸里，没发现其实生命的盛宴一直在地平线那边等待着你。

坚持梦想，总有一天会实现

现如今一些年轻的大学生创业者，一次失败就听信所谓"关心"的劝诫："你不是创业的料，去给别人打工吧！"如果当初马云也老老实实去打工，那永远也不可能有阿里巴巴。马云觉得自己就能干成事，失败四次都是偶然的，最后的成功才是必然的。

你做任何事情都应该有这样的勇气。如果你去追女孩子，前面四次都失败了，那么为什么不能认为第五次就能成功呢？如果你有这样的勇气，你还会害怕去谈恋爱吗？你毕业后找工作，面试了四家公司都没有被录用，如果你认为走进第五家公司，你就会被录用——能这样想，你才牛。

所以，很简单，不要怕失败。马云的阿里巴巴在美国上市时，市值2000亿美元，新东方比阿里巴巴早8年在美国上市，现在的市值只有40亿美元。为什么会有那么大的差距？大概是成就不一样。我不认为新东方40亿美元就比阿里巴巴2000亿美元在成功的价值上差了多少。但是，我依然在想，为什么我的成功不如马云那么大。原因非常简单，我做生意第一次就做成功了，觉得新东方是个宝贝，所以就抓住新东方不放。而马云的眼界之所以越来越开阔，最后能抓住互联网大潮，干好电子商务这件事，是因为马云之前什么都没有做成。但是，倒过来想，如果马云开培训班成功了，那他现在顶多也就是杭州马云培训中心的主任而已。

我想用这件事说明的是，做事情失败了不是一件坏事。当初我联系美国的大学，被美国大使馆拒签，去美国读书完全没有希望。当时的我感觉无比悲伤与绝望，我的大学同学一个个在美国都快博士毕业了，我却还在中国待着，一次次被拒签，不仅没有脸面，而且没有尊严。

但今天我感到非常庆幸，如果当时美国人高抬贵手给我签证了，我现在会是什么状态？只要看看我大学时的朋友们就知道了，最多就是美国大学的终身教授。当然，终身教授并不差，只是跟我在中国这20年做的新东方的事业相比，终身教授就不再是我羡慕的职位了。我为什么会有新东方呢？是因为我出国的梦想破灭了。

当然，目标失败了不能就没有目标了，我非常快地转移了目标，我当时之所以去不成美国，是因为没有钱，没有钱就只能先挣钱，于是我离开北大，办了新东方培训班。

当时我的目标并不遥远，我不是一个内心充满宏大理想的人。三年以后，我存够钱了，可以去美国读大学了，突然发现自己不想去了。这有两个原因：第一个原因，我每天晚上数着学生交给我的钱，心中充满了愉快，当时都是我亲自点钱，我每天晚上在家里点钱的感觉真好。不过，这只是一个简单的原因，真正的原因是第二个：我突然发现新东方是能做大的。原来我把新东方定位成一所小小的培训学校，简单来说就是一所简单的个体户学校，当我眼界开阔，发现自己心中突然产生了一种想法——新东方可以成为全中国最大的培训学校，甚至可以变成最大的教育集团时，我舍不得放手了。

这又变成了一个新的人生目标。为了实现这个新的人生目标，我开始配置资源，因为有目标就要有资源，就像你想成为北大的研究生，你就要全力以赴地学习一样。但是，这靠我一个人是办不到的，于是我干脆倒过来想，以前我想去国外读书，现在我要到国外去把我最优秀的大学同学和中学同学全都招到国内来跟我一起干，所以我再次到美国大使馆去签证。这一次美国大使馆居然给我签证了，因为美国人的价值判断只有一个标准，那就是你有钱就可以行遍天下。

现在我有钱了，我出示了一张50万元人民币的存款证明，美国人一看，嘿嘿，这个小子有钱了，于是就给我签证了。我到了美国，找到了电影《中国合伙人》中角色的原型——我曾经的合伙人王强老师和徐小平老师，以及我的其他很多大学同学，我叫他们跟我一起回去做新东方。

他们问我新东方是干什么的，我说新东方是我开的一所培训学校，还告诉他们现在这所学校有多少学生，每年收入是多少，他们听得眼睛都直了。因为那个时候——1995年底——新东方的总收入已经接近2000万元人民币，这在他们看来是一个天文数字，在我自己看来也是一个天文数字。要知道，1992年的时候，我还是个穷光蛋。

最后他们就决定回来跟我一起干。他们问我："老俞，你给我开多少钱工资？"我说没有工资，他们说没有工资跟你回去干什么。其实我当时想过给他们开工资，尽管我开得起，但是我不想把大学同学弄回来变成我的手下给我干活，我必须把他们变成我的合伙人，大家一起干，干大了是大家的。所以，我告诉他们没有工资，但是新东方分成几份，大家各拿一份。就这样，我把新东方的股份分出去了55%，自己留了45%，吸引了一批大学和中学的同学回来跟我一起干。

新东方从此开始继续往前努力，我们的目标变得更大了，因为一帮朋友一起干就不再是小农经济思维了，一大帮人一起干，如果不干大，吃什么喝什么？由于这帮同学都是从国外回来的，眼界比我更加开阔，他们提议把新东方做成上市公司。刚开始我吓了一跳，一所培训学校怎么变成上市公司？但是最后的结果证明，只要你往前看，就能成功。

这个目标是在1996年定下来的，新东方是2006年到美国纽约证券交易所正式上市的，上市这条路走了整整10年。在这个过程中，新东方依然一路发展，实现新的目标，最后终于实现了这个目标！

既不要低估自己，也不要低估别人

人一生有两件事不能做，一是低估自己，二是低估别人。

首先，不能低估自己。也许你没有优秀的资源，但无论你现在社会地位如何，无论你拥有多少资源，与未来能否成功都没有必然联系。

与李开复相比，尽管我毕业于北大，但是我没有接受过西方优秀的教育；与放牛起家的牛根生相比，我似乎又是幸运的。最没有资源优势的牛根生却拥有像牛一样的精神、耐力、勇气，最后创建了蒙牛集团。

其次，不要看低别人。很多人都以貌取人，这是非常不对的。以我举例，我上大学的时候，因为长相不够英俊，农村家庭出身，所以非常不受女生喜爱。毕业后的今天，同学聚会时，我们班女生才走过来热情地握住我的手。我曾开玩笑说：男人的长相与他的成就成反比，马云就是最典型的例证。

不放弃，就会出现生命的奇迹

一棵杨树10年后会变成参天大树，但绝不会成为一棵松树。但是，人的成长是一种对不可预知的未来的渴望，成长是一种情愿在成长道路上创造奇迹的精神。**我们无法预测未来，能做的就是在成长的道路上不断前进，克服一个又一个困难，不放弃才会出现生命的奇迹。**

霍金只有一根手指可以活动，医生曾预测他活不过20岁，但是他活到了76岁，并成为世界上最著名的科学家、未来学家。**人生毕竟不是百米赛跑，人生是一辈子的马拉松，**走出多少距离是我们自己来选择的。只要不放弃，就会拥有未来，就会创造生命的奇迹。

这个社会不存在绝对的公平。我在北大读书的时候，我是农民家庭的孩子，而我的同学，有的是教授的孩子，有的是干部的孩子，有的同学上学放学车接车送，而我连汽车轮子都买不起。

那个时候，我便发现世界上其实有很多不公平。所以，永远不要去追求公平，获取社会资源的能力和获取未来的能力完全在于自己。人生而不平等，无往不在打破我们生命的枷锁之中。**不要抱怨现实，永远不要用现在去判断未来，生命的每一个季节都会开出鲜艳的花朵。**

比如李开复，放弃了优厚的待遇，自主创业，成为最年长的创业者。从头做起，不放弃就是制胜的法宝。李开复曾告诉我，他的创新工场从开始的30多名员工已经发展到100多名员工。我相信，创新工场在未来10年、20年，将会在中国的科技发展中起到重大的作用。

用平凡的心态去做不平凡的事情

我们可以拥有平凡的心态，但是绝不能拥有一颗平凡的心，我们的心必须伟大，必须向往高远，必须尽可能让自己获得成就。如果没有平凡的心态，李开复怎么可能从只坐头等舱转而坐经济舱，从住五星级酒店转而住快捷连锁酒店?

　　平凡的心态不等于自己的平凡,平凡的心态不等于个人的平庸。之所以要保持平凡的心态,是因为我们知道任何事情要往前推动都需要艰苦努力,任何事情要往前推动都要有敢于承担失败的勇气。

　　是就业还是考研,其实这两条道路并没有好坏之分,如果我现在还在北大教书,也并非坏事。但是我从小有一个志向,那就是走遍天下,像水手一样漂洋过海走遍世界。

　　志向是模糊的,但是它拥有能够把我们带到远方的力量。我们总想穿过地平线走向远方,毫不犹豫地从一座山峰爬向另一座山峰,这就是自强。一个人拥有了这样的自强精神以后,永远不会停止寻找自己生命的高度,因此你会走得很远,不知不觉就会走出你根本想象不到的距离。

　　我从北大出来后,对今后的方向也感到很模糊,但我热爱培训,热爱学生,因为热爱,所以开始在各类机构培训班教课,一是为了赚钱,二是为了学习如何经营培训机构。两年后,我开办了新东方。

坚持你所选择的

　　一旦开始自己的事业,切记不要中断。开办新东方之后,我从来没有想过介入其他领域。十年前,我有非常好的做房地产的机会,但是我觉得这不是我想要的,因为我要的不是钱,我要的是那种做事业的感觉,房地产只能为我带来相反的感觉。

　　可能有人会有疑问,认为事情都被别人做完了,自己没有事情可做了。其实不然。我们讲创新,其实创新很简单,什么叫创新?就是在别人做过的事情上,你再往前走一步。

不要在乎选择哪条道路，关键是要坚持走下去。只要走得比别人久，就能走出别人所不能达到的距离；只要走得比别人更远，就能看到别人看不到的风景。

到达金字塔顶端的只有两种动物，第一是雄鹰，靠一双翅膀轻而易举飞到金字塔顶端。第二是蜗牛，通过巨大努力，最后终于爬到金字塔顶端。当蜗牛到达金字塔顶端以后，它所看到的世界和雄鹰是一样的。但是如果让蜗牛和雄鹰同时写回忆录，雄鹰是写不出来的，蜗牛却能写出丰富的回忆录，因为它每前进一步，都付出了巨大艰辛。

电影《功夫熊猫》中有这样两句话："没有任何东西是偶然的"，"昨天是历史，明天是谜，但是今天是上帝送给我们的礼物"。每一个今天都会变成昨天，每一个今天都是走向明天的台阶。

必不可少的"逆商"

我很欣赏史玉柱，他曾是中国企业家中最著名的失败者，但是几年之后，他成功跻身中国富豪榜前50位。除了智商以外，人生还要靠另外两大要素才能成就完美——情商和"逆商"。爬起来的速度比摔倒的速度更快，这就是"逆商"。

失恋不可怕，失业不可怕，我们要坚定地相信：你拥有的痛苦全世界所有人都拥有过；你没有拥有过的更加深刻的痛苦，这个世界上也早就有人拥有过。这个世界容不得抱怨，充满抱怨的情绪、复仇的情绪、对别人仇恨的情绪，永远无法成功。我们唯一要做的是解放自己，解放思想，要自己跟自己比，永远不要和别人比，让自己长出隐形的翅膀飞向遥远的高空。

最后一句话送给所有人：相信你的飞翔，相信你能找到理想的天空。

要学会穿透黑夜，看到星光

人生最重要的是什么？注意力和穿透力。什么是穿透力？就是可以排除周围所有的纷纷扰扰，眼睛盯着你前行的路。你可以穿透黑夜，看到星光；你可以穿透交通拥挤，走向高远；你可以摆脱所有微信和微博的骚扰，坚持专注地学习。这就是穿透力。穿透力恰恰跟注意力是一样的。

当你的生命有目标时，你的眼睛可以穿透困难，盯着目标，你就会变成成功者。当你的眼睛只看到困难，目标被困难阻挡的时候，你永远是个失败者。有多少同学在生活中遇到困难，放弃了自己的目标？去考试，考不过去就放弃了；交朋友，交不了就放弃了；找工作，投了几份简历没有人要就放弃了；创业，失败一次就放弃了。

我们放弃了太多的东西，看到了太多的困难，以至于我们一次次变成了失败者。但是，你没有像马云一样从不断的失败走向成功；你也没有像我一样，从经历高考失败、疾病缠身、走投无路走向成功。所以，不要放弃，要坚持下去。

其实，成功不在于坚持了多久。有的同学跟我说，俞老师，我坚持好久了。坚持再久也是没有用的，关键在于你是否继续坚持下去。你只有一次一次坚持，在没有希望的时候依然坚持下去，这样才有用。也许再坚持一点点，就可以拿到胜利的钻石，但多数人就是在差一点点的时候放弃了自己前行的道路。

有这样一段话，是关于找女朋友的独家秘籍，我感觉挺有意思，拿出来跟大家分享一下。要是我在大学的时候听到这段话，就会勇敢地谈恋爱了。

这段话是这样说的：要勇于跟妹子表白，一个不接受你，就跟10个表白；10个不接受你，就跟100个表白。长久坚持下去，总有一个"瞎了眼"的。

这是一个很简单的道理，做事情坚持、坚持再坚持，早晚有一天，你会成功。因为早晚有一个好东西"瞎了眼"落到你手里，变成你成功的开始。所以，千万别沮丧。

有这样一张心电图，中间画了一颗心，线条高高低低，非常不平整，它表明了生命的活力。心电图如果变成直线，就表明一个人死了。这非常像我们的人生，如果一帆风顺，就证明你死了。人生总是一帆风顺，一旦遇到挫折，很有可能精神就崩溃了。

后来，我终于想明白了，宁可生命中多点挫折，也不愿意生命中只是铺满了鲜花，因为在挫折中，你能看到更多的风景，你能更多地感受到人生的酸甜苦辣。

人生是一场孤独的旅行，但是实际上你并不孤单；人也许永远孤独，但你不孤单，因为有无数人和你一样在前行，尽管彼此之间连名字都不知道。如果你放弃，你就是在抛弃自己；如果你停止，就意味着不断被别人超越。所以，我们要相信自己，给自己一个支点，撬动整个世界。

也许，人生从来没有直路可走。我在参观天门山的时候，在山坡上拍了一张照片，照片上能看到山路拐了无数个弯，甚至从上继续往下拐弯，但是最终这条路通到天门山的山顶。

请记住，我们每一个人只要心里有山巅，即使道路再曲折，也能够到达人生的顶峰。

你可以赋予自己最好的价值

我在北大当学生的时候是一个非常窝囊的人，因为我高考考了三年才进入北大，进了北大后，我陷入了"综合自卑症"。

我之所以自卑，是因为我左看右看，总觉得自己不如周围的同学和朋友。我英语水平不是很好，因为农村来的孩子英语听、说、读、写能力基本上都是比较差的，尽管我的高考分数不错。

而且，体育、文艺方面的才能我也完全没有。普通话我也讲不好，就这样，我陷入了自卑的状态。大学整整五年，没有任何一个女生跟我谈过恋爱，当然我也没有勇气去追求任何一个女生，所以我在大学同学中间显得特别没有出息。尽管我人特别好，但是没有领导才能，没有领袖魅力。

电影《中国合伙人》拍摄之前，导演陈可辛来找我，说他想要拍一部以新东方的故事为题材的电影，问我能不能参与。我不同意拍这部电影，陈可辛问为什么不能拍，我告诉他说，我觉得一个活着的人被拍成电影是一件很不吉祥的事情。但是，这部电影最终还是拍了，他们找到了王强老师和徐小平老师，结果他们兴高采烈地参与了。

电影终于拍摄完成后，陈可辛拉我去清华大学看首映礼。看完以后，我很生气，因为电影中黄晓明演的成冬青的原型就是我。后来黄晓明说："俞老师，我演你演得怎么样？"我说："你长得比我英俊多了，但是非常可惜，你没有把我的气质给演出来，尤其是没有把Angelababy放进去，这很麻烦。（笑）"

看完这部电影，我惊叹把另外两个男主角描写得特别完美，怎么就把成冬青描写得那么窝囊呢？我认为，把我的形象定格到一个特别窝囊的男人身上，这是不对的。电影中成冬青跟女孩子谈恋爱，好不容易追上女孩子，结果那女孩子还不爱他，把他抛弃了，后来居然还跑到国外去了，嫁了个老外。这部电影中，成冬青也不怎么会跟领导打交道，给学生上课，学生都跑光了，最后领导还把他开除了。创业的时候，他自己一个人做不起来，几个朋友帮着他，一起把公司做起来了。好不容易公司要到国外去上市，他又不愿意上市，打官司时才体现出一些才华。

我觉得自己不至于这么窝囊，我创办新东方一路走过来其实挺坚毅的。他们告诉我，电影情节这样安排是角色需要，一个角色由于某种特性特别特殊，这样才能引起观众的注意。但是，即便如此，在电影里也不能这么糟蹋我吧！

后来，我见到另一个不在新东方的大学同学，我问他有没有看过《中国合伙人》这部电影，他说他看过。我说这部电影把我描写得特别窝囊，那个同学看了我一眼说："老俞，你在大学的时候确实挺窝囊的。"

我举这个例子是想说明，其实一个人的发展过程就是一路成长的过程。人最初就像是被踩进泥土中的一颗种子、埋在淤泥中的一颗莲子，你要有成长的欲望，早晚有一天能从泥土里、淤泥中慢慢地长出来，变成一棵大树、一朵美丽的荷花，关键是要去成长。

所以，现在想想我大学同学说的话，我觉得挺对的，因为我在大学时是一个又窝囊又自卑、什么都不敢做的人，后来因为有成长的欲望，慢慢一直到今天，总算有了一点成就，有了一点发展。对大家来说也是一样的，哪怕从最卑微的起点做起，只要你去努力，就能够成长起来。是北大毕业还是清华毕业其实根本不重要，是学校第一名还是最后一名也根本不要在乎。

所以，自我感觉好与坏，与我们的背景没有关系。很多同学都因为自己的家庭状况不如别的同学而感到自卑，因为自己的长相不如别的同学而感到自卑，甚至有时候身上没穿名牌服装都会感到很自卑。坦率地说，到今天为止，我身上没穿过什么名牌服装，我身上这些衣服都是些我不知道什么牌子的，看见一件合适的，就往身上套。

当一件名牌衣服就能决定你的神态的时候，当一个包包就能决定你是自信还是不自信的时候，你就已经完蛋了。因为你生命的质量和你生命的光辉是来自内心对自己的肯定，而不是依靠外在的某种东西。

所以，凡是以自己的身份为骄傲，或是以自己穿着名牌服装为骄傲，抑或是以自己的长相为骄傲的同学要注意，所有这些东西其实跟你的成功没有任何关系。

有一次，我去一所大学，有一个长得很矮的学生跑上来问我，像他这种扔在男生堆里找不到自己，扔在女生堆里也找不到自己，这么矮的一个人该怎么发展。我告诉他，马云也就一米六多，鲁迅一米五八，拿破仑才一米五七。我问他有多高,他说自己一米五五。

  一米五五就能决定一个人做不了伟大的事情吗?亚历山大大帝是古希腊乃至全世界最伟大的帝国统治者,他的身高刚好是一米五五。

  其实,身高决定不了一个人的成就,长相也决定不了一个人的成就,只有自信心能决定一个人到底能获得什么样的成就。

人生的几个关键词

在我们的人生道路上，有以下几个重要的关键词：

第一个关键词是"梦想"，人不能没有梦想和理想。

人有时候会有非常清晰的梦想，有时候也有不清晰的梦想，但是一定要有梦想在前面，引领你往前走。所以，人要给自己定高度，高度定完了以后，你会发现自己在不知不觉地往上爬。

习近平主席在陕北的延川县梁家河大队插队的时候读了很多书，为了借一本书走30里路。他当时还只是在基建队劳动，但是他的理想就是要在中国成长，为中国做贡献。他当然没有预料到自己会成为国家主席，成为党的总书记，但是今天他之所以能站在这个岗位上，恰恰是因为他当时坚决要在中国农村领导一个县往前进。你学了知识，就要学以致用，并且用对地方。

我的理想不是那么高远，我的理想是阶段性的。我的第一个理想是从农村考上大学。第二个理想是变成一个好老师，结果我就当了一名老师。第三个理想是希望有钱，想办法赚钱，不能抢，不能偷，所以我就到处教书，没想到教书后产生了另外一个想法，也就是我的第四个理想——办培训班。第五个理想是出国，到美国读书，但没有任何学校给我全额奖学金，导致我没有钱出去，所以还是缺钱。

于是，我把第五个理想放一放，所以就有了新东方。我这辈子一开始并没有想到我要办一个培训班，在北大的时候，我希望变成季羡林这样的人物，后来觉得我根本不可能变成这样的人物，但是我还是要有理想。我们这一代人的理想很单纯。

做了新东方以后，我发现挺有意义的，意义不是带来钱了，而是我发现无意中在帮助无数人，很多人后来去了哈佛、耶鲁、斯坦福，所以我就一直做下去。我没有想把新东方做成上市公司，但一直往前走，就自然走上了这条路。做上市公司现在也不是我的目的，但是把新东方做好一直是我的目的，我发现后者的意义太大了。

每年有300万学生在新东方学习，这意味着新东方的教学在某种意义上影响了他们，我觉得是正面影响了他们，因为孩子在成长，多好啊。有时候我们还可以做点别的事情，比如可以跟团中央一起做"自强之星"，传递正能量。新东方每年都在山区建小学，在当地成立一所特别典型的小学，把新东方的老师派过去支教，那些学生就特别开心，你就会觉得做着有意义的事情非常高兴。再简单点说，新东方现在拥有35 000名员工，至少为国家解决了35 000个就业岗位。

关注我新闻的人知道，我接手了一所民办大学，叫耿丹学院，我想用20年的时间，把它打造成中国最优秀的、可以和中国一流大学媲美的大学。我刚接手一年，就开始拼命鼓励学生读书，一开始他们不知道怎么读书，我就给他们买书，带着他们一起读。

2014年，我想成立一个基金支持年轻人创业，结果一召唤，就聚集了4亿元人民币。天使投资平均是100万~200万元一个投资项目，如果100万一个项目，1000万就是10个，1个亿就是100个，4个亿我可以支持400个创业项目，这中间一定会有人做成像马云、马化腾、李彦宏那样，那我就是未来的企业家之父啊。如果做400个，估计有50个还是可以做成功的。

年轻人本身就代表了进步和发展，我们代表什么？我们代表资源，我们可以变成年轻人的垫脚石，我们有人脉、资本，年轻人没有，我们把我们有的东西给年轻人，年轻人去做贡献。

第二个关键词是"成就感"。

幸福无他，就是成就感。任何东西的背后其实都有成就感和对自我的认可，这个认可包括你背一首诗有成就感，你搞科研发明也有成就感，你谈恋爱成功了有成就感，你考上公务员也会有成就感，为什么？这就表明你的能力在发挥。能力有高有低，但是你不去发挥自己的能力，不去锻炼自己的能力，你永远不知道自己有能力。

我现在的能力，来自20年来的成长。每天都在成长，就会让自己的梦想飞得越来越高。20年前，我不敢想象我能去办一所民办大学，我现在敢想，是因为之前这20年我在奠定基础。

第三个关键词是"自信"。

人生还应该有修炼，人的修炼主要在于两个方面：

第一，你要把自己修炼得雷打不动，水泼不进。你不能先把自己贬低了。有很多同学说家庭贫困，有的同学和我说身上穿的衣服不是名牌衣服，走到同学面前觉得丢脸，那就没有办法了。我曾看到两个身体有残疾的孩子脸上充满了自信的光辉，他们不会因为身上有缺陷就觉得完蛋了，要不然他们也没有现在这样的状态。

第二，让自己感觉到自己崇高起来。"崇高"也是第四个关键词。

当你想到自己变得崇高的时候，你就不会做坏事，你内心就会愿意让自己做更多值得骄傲的事，你就会真心去救人，就会真心去献血。当你内心修炼出崇高感的时候，你就真的走在正道上了。所以，修炼有两个要点，一是把自己立住，二是让自己开花。修炼好了，加上前面的梦想，就能有所成就。有了第二项修炼以后，你做事情就会更加长远。

如果只迎合现在，也许会没有未来

每个人都有自己存在的理由。作为常人，无论身处苦难、绝境还是舒适、发达之中，都免不了会思考我们存在的意义。

那些对生活的意义有着明确答案和坚定信念的人，是幸福的。但对于大部分人来说，想要找到一个毋庸置疑和自始至终的答案十分困难。很多时候，答案只是临时性的：我们得到答案的同时，又失去了答案。

很多人觉得自己为了名声而来，但得到名声后又倍感空虚；很多人觉得自己为了财富而来，拥有后却发现自己除了钱，什么也没有；很多人觉得自己为了爱情而来，却又常常陷入失恋的痛苦之中；很多人少年时的唯一答案是考上大学，上了大学才知道生活刚刚开始；很多人上大学期间，心里似乎已经有了许多答案，是出国，是考研，还是工作？是读书，是恋爱，还是虚度光阴？

我们不知道怎样才能应对同学的眼光和社会的标准，不知道怎样才能从容地生活。我们到底为什么来到这个世界上？我们来了，就一定有来的理由；我们存在，就一定有存在的理由。人是有着精神境界的动物，因此我们希望把自己的现实生活和精神生活紧密地联系在一起，最好两者合二为一。

由于现实层面和精神层面有时会相差甚远，要把两者结合起来会产生很多痛苦，所以人们常常走向两个极端：一是放弃精神上的追求，使自己彻底活在现实中；二是退缩到自己的精神世界中，远离现实世界，使自己在现实生活中的能力越来越差。

实际上，这两个极端都是非常危险的。对于前者，在现实的名利场中随波逐流，也许能得到一时的好处，但没有了精神的航标灯，也就失去了人生的方向。一个没有崇高追求的人，就不会在乎自尊和尊严，进而会陷入更深的痛苦之中。能流芳百世的，都是为人类创造出了宝贵精神财富的人物。面对这些伟大的文学家、思想家、艺术家，很多人既痛苦又羡慕，因为权势、金钱换不来不朽英名。

对于处在另一个极端的人来说，由于缺乏与现实世界相处的能力，最后放弃和现实世界的纠缠，实际上也是人生失败的一个标志。那些真正的思想大师，实际上都是在和现实世界打交道时才产生了种种感悟和思想；也只有在现实中产生的思想，才能为现实所用，以指导现实生活。

尽管孔子很高洁，但他每次听说有当官的机会时都不放弃，因为他希望能够通过参与来实现自己的政治理想。苏格拉底到死也不愿意离开现实，希望通过自己的生命来证明现实的错误。没有勇气面对现实的人一定没有勇气传播自己的思想，也不可能成为真正的思想家和精神引导者。

对于我们来说，生活在现实之中，又能高于现实进行更加深刻的思考，是我们最好的出路。**现实修正精神的错误，精神引导现实的方向。** 每一个人都有存在的理由，但很多短暂的东西一定不是我们存在的理由：你中了一次彩票，你获得了种种荣誉，你被媒体评为有影响力的人物之一，你被政府评为十大杰出青年之一，你成了超女或快男……

这些都和你长久的生存质量没有关系，而且如果你把持不住，反而容易伤害你的长久生存之道。一个本来心平气和的人，因为某种外在的推动而变得心浮气躁、自我膨胀，直到最后把自己毁掉才罢休。现实生活中，这样的例子比比皆是。

时间会将一切沉淀。即使是在不远的将来，那些能被人们记住的，一定是用文字而非身体说话的作家，用著作而非演讲说话的经济学家，用业绩而非宣传说话的企业家，用良心而非偏见说话的记者，以及用真情而非炒作说话的演员。**历史待人就是这样"刻板"，如果你只是迎合现在，也许会没有未来。**

有人爱，有事做，有所期待

有三句话，我每天都在问自己有没有做到，叫"有人爱，有事做，有所期待"，说起来很简单，但是要做到，其实不容易。

第一句话叫"有人爱"。有人爱是开心的，比如父母爱我们，我们会很开心，因为家中自有温馨；男朋友爱我们，我们会感到很温暖；女朋友爱我们，我们会感到很沉醉。这都是爱的表现。但我更愿意把"有人爱"理解为"有人被你爱"，就是你能积极主动地爱人。没有人愿意把冰块放在手里太久，因为它太寒冷了。有时候我们会抱怨这个世界太冷漠，这个世界是冷淡的，这个世界没有人关心你，其实我们没有想到，我们可能本身是冷漠的，所以这个世界才会冷漠。

每个人都知道一个道理：**你是什么样的人，你眼中看到的就是什么样的世界**。就算你是个火炉，但是在冬天如果不生火，也没有人围着你转，因为你不能给人温暖。任何一个火炉，只要在冬天生起火来，就有人围着你烤火。所以，如果我们把自己的热情散发出来，就能影响周围的人，把我们的爱或我们愿意帮助别人的心情散发出来，就能影响周围很多的人。新东方就是这么激发起来的。

人是有能量的，这种能量你看不见摸不着，有人会散发负面能量，有人会散发正面能量，一个散发正面能量的人一定是一个非常积极的人。

有这样一个统计数据，一般的人都是在不积极或消极的生活状态中生存，这个人群的百分比占到了80%。有积极心态的人则只有20%，而世界上这20%的人占据了世界上80%的资源。但是，如果你每天都在思考怎样更加积极地面对社会，解决问题，你就会生活在5%的领导阶层中间。

我相信每个人都能做到积极生活。我曾经也有过很被动的时候，但后来把生命转向了主动，就有了今天这样的时光。新东方有两万多名老师，每年有300多万名学生，这里面一定有某种能量推动着他们聚集到一起。而这种能量，说简单点，就是新东方的老师们在学生中间散发出来的各种各样的热情，他们像火炉一样吸引你在寒冬的时候来到他们身边烤火。这，你们也能做到。

第二句话叫"有事做"。如今的我们是非常幸福的，每天早上一起来就知道要背单词读英语，要听几道听力题目，或者要写篇作文，这就叫"有事做"。生命不是由你一辈子的理想构成的，理想尽管很多，但它们不构成你每天的生命。我们一辈子到底会走到哪棵树前面停下来，会在哪座山脚下看风景，我们是不知道的，生命会有很多的改变。但是，有一点我们是可以做到的，我们每一天到底干什么，主动权是掌握在我们手中的。

今天你想干什么，由你的脑袋决定。你可以出去玩，也可以背单词；

你可以和朋友一起喝酒聊天，也可以和朋友打架。这完全是由你自己决定的行为。所以，把每一天过好，就把这一辈子过好了。

我非常庆幸自己即使在大学最迷茫的时候也坚持每天学习，当时完全不知道为什么要学习，但是我知道，所有这些东西加起来可能有一天会给我一个答案。有的时候，这个答案就在你每天的艰苦学习中，结果会慢慢地显露出来，这就是"有事做"。"有事做"是很幸福的。

第三句话叫"有所期待"。人和动物的区别就是，动物是自然地生长，并且自然地变化，而我们不仅能生长、变化，而且能设想明天的到来。今天，我们可以想象明天；今年，我们可以想象明年。20岁的我们可以去想想自己40岁时是不是能有一种更加不同的生活，并为此付出努力。

所以，期待让我们成长，也给了我们更加努力的动力。我们期待未来更加富有，有房有车；期待未来有更多的人成为自己的朋友；期待未来有更高的社会地位；甚至期待未来自己能成为一个为世界做出贡献的杰出科学家、思想家、政治家或企业领袖。我们都在期待着未来的一切。期待是一点一点叠加的，每一天的生活虽然看不出变化，但是人生加起来，由于我们的期待和努力，就会变成一件大事。

我们不仅对自己有所期待，而且期待我们的家人能够更加平安，父母的身体能够更加健康，只有他们身体健康了，我们才能没有后顾之忧，背上行囊走遍世界，才能更加开心。其实，我们也在期待我们的祖国更加繁荣富强，因为一个繁荣富强的国家能给我们力量和信心，支持我们走遍世界。

20年前，我去美国大使馆办理签证的时候，每去一次都被拒签一次，我问签证官："What is the reason?（什么原因？）"他说："No reason.（没有原因。）"其实，原因很简单，因为你贫困，所以无须理由，你的祖国不存在你去了国外还能吸引你回来的理由。所以，去一次被拒签一次，连续被拒签了三次。

而今天，我们任何一个人，不管是去旅游还是去留学，甚至去定居，只要给出合理的理由，一定能办下来签证。现在全世界任何一个国家给中国人的签证比例都高达95%，而当年我们那个时候大概只有25%。这意味着什么？这意味着国家的强大使我们的生命更加扩展，我们有了更大的世界舞台去奋斗。

未来可能有很多人会在国外工作，不是为国外的机构工作，而是极有可能被中国的机构派驻国外，变成某个国家的分区总经理。我的很多朋友已经把自己的公司开到世界各地，也就意味着我们有了一个世界舞台。

所以，就让我们一起期待，期待我们的未来更加美好，期待我们的父母更加健康长寿，也期待我们的国家更加繁荣昌盛。让我们一起走向未来，走得更好。

让理想不断引领人生的进步

用青春来为未来准备一场盛宴，到底需要有什么要素呢？

首先是理想要素。我们的理想分成两种，有的是一辈子的，有的是阶段性的。有人会有一辈子的固定理想，比如曼德拉，他的理想是消灭南非的种族歧视和种族隔离政策，让南非处于公平公正的环境中，他的理想在中学的时候就奠定了。他一生坐了27年牢，有信仰和没有信仰都可能会坐牢，但是坐牢的感觉是不一样的。曼德拉坐了27年牢，出来以后，做了南非的第一任黑人总统。

我们有时候很容易把一个具体的东西当成自己的理想，这是有问题的。你不能说我要当下一个俞敏洪、下一个马云，这是具体的东西，是没用的，这只能说明你这个人很世俗，很急功近利。

其实，真正的理想是没有着力点却仍然推动着你往前走的东西。你一定能比你自己想的要好得多，一个人的发展潜力是无限的，只要你认为你未来比今天更好，你的思想、你的行为就会比现在更加光辉和伟大。

你将未来落到某个点上去，没有关系，岗位不同，有高低之分，但是为人类服务的精神是一样的。比如创业很好，你可以给自己定一个路子，为中国的经济和发展做贡献，这没有问题。但你要想清楚，如果你要创业的话，什么时候开始，要有什么样的准备，准备在什么领域发展，为什么你有资格在这些领域发展。如果成功，下一步是什么样的；如果不成功，会是什么状态。你必须想清楚。有落脚点就会很清楚，一定要有下一个具体的落脚点，你的生命才能前行。

只要你每天都有进步就可以，进步的大方向是对的。比如说你想在专业上进步，每天至少解决两道专业中不懂的题目；比如说你的英语水平不高，那你每天多记十个单词，多背几个句子，最后你就熟练了。进步来自你的不断努力，有一个阶段性。永久性的理想可以模糊，但是阶段性的目标必须清晰，并且要分解到每一天。

我个人的理想目标是模糊的，到现在为止，我依然不知道自己要变成什么样的人，但我的人生是进步的。进步到今天，也是我的中间状态，我相信我未来还会取得更大的进步，尽管我发现我已经出现了老年痴呆症的症状，比如有的时候有一个人走到我面前，我觉得很面熟，但是想不起来，这让我更加注重心灵深处的事情。

但是不管怎么样，到现在为止，我还在坚持每天进步。一系列有目的的、构成你前进方向的和偶然出现的机遇合起来，就会成为你生命前进的步伐。生命中也会有杂音，我自己做任何事情，尽可能不让某个杂音干扰我。

我高考就是有意义的努力，作为农村孩子，我发现我不是干农活的料。我经历了三次高考，第三年一努力，没想到进了北大，这是努力的结果。考进北大虽然是意外，但是跟前面的三年努力有关系。

我发现北大这些人都是高智商的人，而我是一个中等智商的人，必须努力。结果，努力想要达到的结果没有达到，反而遭遇一场意外的灾难——大三得了肺结核。但是后来我才发现，这场病对我有很大的好处，让我彻底改变了跟人比较的想法。

我放下了所有教科书，因为在医院没必要学教科书。在医院整整一年，我读了各种著作，不仅仅是世界名著。没事干，就每天背50~100个单词，结果我变成我们系词汇量最大的一个人。

1988年在北大当老师的时候，我成为在中国教GRE词汇的第一人。外面有很多培训班也让我去上课，结果北大说你不能去上课，我问为什么，北大说有规定不让老师去外面上课。也就是因为这个原因，我和北大闹了矛盾。

人生是由一系列意外加上努力构成的

从我生病时背单词开始到创业，跨越了整整10年，但最终连在了一起。有时候你做的事情，当时你不知道做它的目的是什么，这就是老天在给你安排。最重要的是你不能每天迷茫，每天啥都不干，那是不行的。努力是有意外的，任何一次意外都会给你带来收获。1987年，我联系出国，美国没有一所大学给我全额奖学金，我连续三次被拒签，花费了一年半时间，当时签证拒签了就得等半年。

电影《中国合伙人》中有一个镜头，成东青被拒签的时候，说"美国人民需要我"，我没这么贱，虽然我觉得美国人民需要我，但我喊的是

"我需要美国"。这就是意外的收获,就是在联系出国的过程中,我变成了对美国的大学以及出国考试非常了解的一个人。

人生是由一系列意外加上努力构成的。做新东方也不是我故意做的,我只是觉得为别人教书来钱太慢了,得赶快自己开班。等到我开班开得非常成功以后,每天点钱点到手发麻。北大给我一个月总共60块钱的工资,但我办新东方以后,一天就能收入2000~3000块钱,那是一种怎样的感觉!

人除了追求钱以外,还要追求情怀

对钱感兴趣这件事情本身并没有问题。一个浅薄的人,钱再多也是一个浅薄的人。有些人有了钱会买一栋大房子,但是如果你有了同样的钱,你可能会拿出其中一半的钱支持贫困山区。每个人对钱的看法不一样,只要把钱花出去,就是对国家经济的贡献。人除了追求钱以外,还要追求情怀。我幸亏不是一个钻进钱眼里的人,我是有理想、有情怀的。我要把新东方干成一项事业,就开始走进新东方,把新东方打开。在这种指导思想下,我在1995年底跑到美国。当时我知道,我把这些人找回来是自讨苦吃,但是身边如果没有比自己更加厉害的人,是完全不可能创业成功的。

两个人结婚以后,男的很长进,越来越有知识、有机会、有事业,女的在家里不读书了,这个男人心里就会不平衡。人是要互相成长的,绝对不是一个没文化,一个有文化,而是两个人都很有文化。两个人在一起,共同生活在一起,你就会明白,人与人之间是互相长进的一件事情。

通过我们的长进,理想越来越近。很多事情都不是我故意要做的,但是我那个时候是没有主动意识的，等到我有主动意识的时候，就是我要把新东方做成一项事业的时候。我刚开始找到的是正常的职业工作，在北京大学当老师。人越早有主动意识，越能成事。当你有主动意识的时候，你就会避开很多干扰，这非常重要。

我们要开始决定想做什么，好好问一下这是我想做的吗？不要说大家都在创业我就创业，大家都考博士我就考博士，这种跟风的事情是没有意义的。

要保持对知识的追求和探索

在任何时候，都必须保持对知识的追求和探索。比如说读书，很多中国人是不喜欢读书的，尽管我们号称自己是知书达理的民族，但是中国人喜欢读书反而是在古代，尽管古代读书只能读四书五经，但是古代人读书比我们还好。世界上最具创新力的国家是以色列，犹太民族有两大厉害的地方，第一是创新，第二是做生意。以色列的创新发明占到了全世界的三分之一，硅谷的一些重大创新，包括一些核心技术，都是以色列做完了卖给硅谷的。读书不一定能让你成功，但是什么样的土壤能长出最茂密的森林？有肥料的土壤。对一个民族来讲，它的肥料是什么？就是知识，就是读书。

所以，我们一定要读书，光是每天在微信上、QQ上打发时间是不够的。当然，在微信上也可以看到很多言论，这些言论在报纸、书本上看不到。总而言之，更多的时间还是要用在真正能给你带来思考能力、研究能力的事情上。

创业是因为内心对未来有向往

就创业这件事情本身来说，创业是什么？创业要有发自内心的渴望，你要从内心表现出对这件事情的喜欢和痴迷。典型的例子是比尔·盖茨，还有乔布斯，包括脸书的老总扎克伯格，都是因为爱好而创业的，不是为创业而创业。这是第一条。

第二条是机遇。为什么现在做O2O（Online To Offline）的人那么多？因为这是一个通过与移动互联网的结合而改变传统行业，甚至颠覆传统行业的时代。不少新成立的教育公司想要颠覆新东方，到目前为止基本没有希望，但是谁知道里面会不会出一个马化腾，万一出了这样的人物呢？

我对这样的商业是敬重的，因为在这个过程中，产生了颠覆性的、突破性的思维。我始终有一个信念，就是不管有多少公司倒闭，世界的商业发展、创新发展和经济发展将会一如既往，无非就是长江后浪推前浪，一浪更比一浪高。除非你一直站在潮头，手把红旗举，否则被颠覆是正常的。即使有一天我被颠覆和推翻，我可以拿着钱继续颠覆那些颠覆我的人。

生命就是这样生生不息，但是唯一能保证你生命生生不息的，是你内心对未来一如既往的向往，这就是我们要做的。

坚持梦想，不忘初心

说起大学毕业，真是一件既美好又不美好的事情。美好的是，我们将开启自己真正的独立奋斗时代；不美好的是，我们会突然发现，大学期间，很多我们该做的事情没有做，比如我们该谈的恋爱没有谈，该追求的人没有追求，该读的书没有读，甚至该打的架还没来得及打。青春中，甚至一辈子，我们留下的遗憾和错过的东西往往比我们得到的东西还要多。

回想起四年的大学生活，更多的是感叹，感叹时间怎么会过得那么快，感叹时间都去了哪里。我如今已经到了50多岁的年龄，想起自己的大学生活，以及大学毕业以后到现在所经历的30年，依然会发现，真的有太多的事情都没有来得及做，很多该做的事情都错过了。

作为一个走过了这段岁月的人，我有一些话想说。

第一，要拥抱生活。

走向社会后，你会发现，与大学相比，有太多的东西变得复杂，变得让你看不透。在大学，同学之间即便有过欺骗和不信任，也都是善良的欺骗和不信任，至少不会引起严重的后果。在大学期间，更多的是同学之间的纯洁友谊，异性之间的美好爱情，老师和同学之间友好的交流、交往和互相学习。但是走进社会之后，我们会发现有太多的争夺是原来没有想到的。

为了涨一分钱工资，你可能会跟老板争吵，你会发现不能跟你融洽相处的同事却更加被老板看重，你也会发现社会上有很多东西你可能不太容易接受。但世界本来就是这个样子的，只不过你原来不了解而已。如果发现这个世界并没有想象中美好，而你依然能保持今天这样阳光灿烂的心情，那你就是成功的。

所以，面对社会，当你碰到任何艰难困苦、任何黑暗、任何让你失望和绝望的东西、任何社会上的不公平，以及当你绝望却没有人伸手援助的时候，不要忘记，依然要让自己的生活和生命保持希望。原因非常简单，因为时间在流逝，地球在旋转，不管你遇到什么样的困难，到最后你都会有属于自己的灿烂日子。

所以，**要永远拥抱生活**，我之所以能有现在的从容的心理状态，就是因为我在看到了这个世界黑暗的一面以后，依然在等待着每天的阳光出现。

第二，要制造感动。

什么叫"制造感动"呢？其实生命非常平淡，如果一个人没有主动创造生命奇迹的话，奇迹自然不会主动来到他身边。人只能自己爬到高山顶峰上，人只能自己行更远的路，自己干更大的事情。

这个世界是平庸的，所以90%的人永远在平庸中过着自己的日子，我相信没有一个人想做这90%里的一员。我们每个人心里都希望自己一辈子多爬几座山，多交几个朋友，甚至多谈几场恋爱。

如果你的内心是平庸的，那么结果是你一辈子都平庸。大多数人在走向社会的时候，都会把自己的理想、自己的棱角、自己的渴望磨平。你会发现，你会逐渐适应甚至渴望每天不需要思考、不需要行动的日子，你会变得更加平庸而不自知。任何人如果发现自己平庸一生的话，那将是非常遗憾的事情，但我们大多数人在平庸中度过了一生。

我是北大毕业的，按说北大学生都是很优秀的，很多人都走向了世界。但即使是走向世界的日子，也可能是平庸的日子，因为很多人安于现状，也就堕落了。这个堕落不是指吸毒或者嫖娼，也不是指犯罪，而是他们被生活淹没了，再也没有了劈波斩浪、搏击长空的勇气。

制造感动，就是要让自己的生命感动起来。制造是从无到有把东西造出来，就像把一堆废钢铁变成宝马、奔驰一样。我们的原材料都非常好，我们所要想的是怎样把自己变成一个钢铁侠、一辆奔驰或宝马，最优秀的人是要靠自己来打造的。

所谓制造感动，就是你做了那件事情，回头看，你自己都感动得想要掉泪。能让你掉泪的日子一定不是平凡的日子。生命不付诸努力，是没有辉煌的顶点的。即使到了我这个年龄，我每年甚至每个星期也要去计划做一点让自己感动的事情，哪怕用两天时间读一本自己喜欢的书，当把书合上的时候，回想读到的东西，会发现自己在进步，也在感动。所以，我们一定要记住，创造感动或者制造感动，这是我们生命中最本质的东西。

第三，一定要不忘学习。

大部分同学在大学是学了一些专业知识也读了一些书的，但是这些远远不够，因为学习是一辈子的事情。我们现在在大学学到的任何东西，尤其是我们的专业知识，一般两年之内就会过时。所以，你在大学学习的不是知识，是一种心态，一种方法。我们走向社会以后，千万不要忘了每天、每周、每月、每年依然要读书，依然要保持对专业的专业精神，进入工作岗位以后，就是岗位精神。

我有这样一个信念，一件事情除非不做，一旦做了，一定要想办法把它做到第一，这便是优秀精神。如果实在不能做到第一，也要做到第二。不管你在任何单位工作，只要你把你所从事的工作做到第一、第二，做到没有人能够比较，你就能晋升，你就有未来的机会。我们做任何事情，都是为未来创造机会，而要为未来创造机会，没有学习精神是永远做不到的。

我特别不希望在今后的生活工作中变得平庸，变得平庸的最大特点就是你永远没有进步，这意味着你失去了学习能力。到现在为止，我每年还坚持读60本书，如果到最后一个月，我发现只读了40本书，还有20本没读，我会想办法把全部事情推掉，将剩下的20本书读完。这样才能保持跟社会对接，与最先进的思想和创新对接。

第四，要永远保持独立思考和良知判断。

这个世界上并不是所有主流的东西都是正确的。我曾经在北大也这样讲过，北大是以独立思想为骄傲的一所学校，但不要忘了，"文化大革命"的时候，曾有北大的学生把自己的老师打倒在地。为什么会这样？因为在那个时候，整个民族失去了独立判断能力，整个民族失去了独立思考能力，失去了判断什么是正确、什么是不正确的能力。

我们不难想象，中国未来依然可能发生这样的不正确事件，我们不能认为任何流行的或者被弘扬的价值体系就必然是正确的。所以,我特别希望所有人一定要保持自己的独立思考、独立判断。要思考什么事情是对的,什么事情是错的,什么事情对你自己来说是对的,对家庭来说是对的,对社会来说是对的,对国家来说是对的,什么事情是不对的。并不是父母说对的就是对的,你说对的就是对的,事情的对与错需要凭你的良知、凭你的良心、凭你的眼界来判断,做出来的事情要保证一辈子回头看不后悔、不遗憾。要永远保持在良知基础上的独立思考能力,让自己活得有尊严,也让整个社会有尊严。

第五,不管你处于什么年龄、什么年代,不管你是失恋了还是失业了,不管你是被人坑了还是被人害了,永远要坚持自己的梦想,不忘自己的初心。

梦想永远是伟大的,梦想一定比你现实的生活更加灿烂。只有坚持梦想,你的脚步才会前行;只有不忘初心,你才不会犯大的错误。

什么叫初心?初心就是我们在人生开始时希望自己变成一个什么样的人的最初心愿。哪怕做一件简单的事情,也不要忘了初心。孝敬父母是初心,善待自己是初心,对朋友忠诚是初心,希望国家美好是初心,所有这些初心都要存于心里。

我们的一辈子应该是对得起自己的一辈子,对得起父母的一辈子,对得起祖国的一辈子,尤其是对得起自己的理想,对得起自己的梦想,对得起自己的心情的一辈子。

有很多事情在等着我们去做,所以,我们要放飞心情,放飞理想,一辈子在爱情上、生活上、工作上灿烂辉煌,永续青春。

Chapter 3
成长
——成长,不要只是变老

愿 你 的 青 春 不 负 梦 想

努力让自己成为一个真正的人

在大学生活中,有几点很重要:

第一,学会清零。

"清零"的英文是come back to zero,或者是to ground zero。美国世贸大厦被撞以后,高楼变成了一片平地,美国人讲了一句话,叫"Let us start from ground zero",意思就是"让我们从平地开始造一座辉煌的大楼"。在今天的纽约城市中心,一座比世贸大厦高出一半的大楼"自由之塔"傲然耸立。所以,**我们不用怕丢失过去的东西,最重要的是如何面对未来,重建自己。**

我们过去的一切,不管是美梦还是噩梦,都已经过去了,所有过去在中考、高考中所留下的或痛苦或幸福的回忆,都已经留到了身后。面向未来,我们就是一个干干净净的人,是一个从学校开始走向学习、走向思考,未来走向社会,并且在社会上取得成功的人。

但是要走向成功,我们要学会的第一点就是打击自己。我们一定要有这样的精神,如果别人说你是头猪,你的反应是我连猪都不如。因为只有能不断打击自己、讽刺自己、否定自己、批判自己,你才能接受别人对你的批判、打击、讽刺甚至侮辱。

只有能承受得起这一切的人,才能有博大的胸怀,才能关注自己人生真正的大事。所以,所有人都要好好"侮辱"一下自己。当然,我说的"侮辱"不是人格上和尊严上的侮辱,而是说,我们不管来自什么地方,无论父母是当官的还是当兵的,是经商的还是务农的,是有钱人还是穷人,从我们走进大学校园的这一刻起都清零了,父母的成就和失败都与我们无关。

从现在开始,你所有的成功和失败都只跟你一个人相关。未来30年到50年,等你到了我这个年龄以后,回过头来看,你的生命会让你留下感动的足迹,还是留下一连串的遗憾和叹息,从今天开始,全部由你自己选择。

第二,懂得在不该关注的地方不要关注太多。

比如关注谁比谁长得漂亮,谁比谁长得英俊,这些东西尽管带有一些青春色彩,但是跟我们真正的魅力毫无关系。

我们的成功来自我们的内心。如果说这个世界上有一种动物,这种动物靠内心的指引能走向远方的话,那么这种唯一的动物就是人,不是老虎也不是狮子,因为不管老虎、狮子多么厉害,它们永远只在自己的地盘上打转。

所以,我希望我们更多地关注自己内心的成长,关注自己的自信,关注自己的胸怀,关注自己的才华,关注自己的气质。当我们的青春岁月在三十几岁过去的时候，我们每一个人都凭着自己的才华和内涵在社会上占有一席之地，并且这一席之地不是立足之地，而是广阔的世界，在这个广阔的世界上，我们大有作为。

我们不要再关注自己的身份，不要再关注谁穿了多少名牌服装。到今天为止，我身上没有穿过什么名牌服装，我的手表从来没有超过1000元人民币的价格，但是我走在社会上，没人说我穷，没人说我是屌丝，也没人说我是一个没有品位的人。因为人的品位来自内心，不是来自外在的炫耀。

我们不要再那么关注分数，当然，通过自己的努力获得良好的分数是重要的，要是你每门课都不及格，在大学将没有立足之地。但是，除了恰当的分数以外，我不希望你只关注在班级的名次。我相信我们也早就丢掉了第一名或第二名的狭隘心态，因为我们在中学很少获得第一名、第二名。

我从小学到中学一直是全班20名后，我以班级倒数第5名的成绩在北京大学光荣毕业。但是，我坚守了两条底线：第一，在该得到高分数的时候一定要得到，比如说我的高考；第二，我得保证自己的目标不受影响，比如我的目标是70分以上，这样的话可以让我在北大毕业。这两条我都做到了，才有了我后来奋斗的基础。

在大学的时候，要更加关注读书，不一定是读教科书，要读各种各样的书籍，你甚至可以从《金瓶梅》这样的小说读起。很多人都认为《金瓶梅》是本黄色小说，实际上它是中国社会风俗学的一部伟大著作，可以说没有《金瓶梅》就没有《红楼梦》。所以，我们一定要去认真读书，去读文学、历史、哲学、政治、经济、社会学书籍。

开卷有益，人必须要有思想，人没有思想将是一杯白开水。白开水虽然好，但永远不能使你达到迷人的境界，我们要通过思想的酝酿把自己变成一瓶老酒，让任何人喝了之后都为此倾倒，达到酒神的境界，即所谓站在世界的高点来看世界。

除了关注读书之外，我们还要关注另外一种能力。从小学到高中，我们一直接受着标准答案的教育，但是这个世界上除了特定的非常严格的科学定律以外，其他东西是没有标准答案的。一个人的人生没有标准答案，一个人对问题的思考没有标准答案，所有的答案都来自你自己的观察和思考。

第三，大学四年的过程就是寻找人生真理和科学真理的过程。

人的思想和社会的思想，如果只有一种思想的话，那将会非常苍白，这个社会将会非常缺乏创造力、想象力和思辨能力。我们过去可能在一种思想中长大，但从我们18岁走进大学校门的那天起，我们决不能在一种思想中生存。伟大的思想各种各样，真理只有经过自己的不断探索才能明了，希望伟大的思想和经过思辨的真理能从我们的头脑中产生。

真理不止一个，但是所有的真理都指向一个方向，那就是让人类社会变得更加美好和丰富多彩，人与人之间的相处变得更加宽容和和谐。我希望我们成为一个为世界增加阳光的人，而不是增加阴暗的人，更不是增加黑暗的人。

第四，学会宽容相处，收获友谊。

我们很多人都是独生子女，都在父母的身边长大，我们习惯了衣来伸手、饭来张口，父母对我们百般呵护。但是我们现在长大了，更多的是要学会关心别人，而不是让别人关心自己。我们要学会更加大度而不是斤斤计较，学会目光远大而不是鼠目寸光，学会雍容大度而不是锱铢必较。我们已经走进了大学校园，尽管大学的校园是有围墙的，但是我们要把自己的胸怀锻炼成没有围墙的博大天地。希望每一个人都能学会和同学、老师很好地相处，这种相处是一种平等，一种谅解，一种互相之间的帮助。当然，男女同学之间也要很好地相处。

总而言之，只有在一个和谐的环境中才会更加开心；只有在和谐的环境中，我们的思想才能更加活跃；只有在思想的活跃中，我们才能够把眼光放得更远。希望在大学四年中所有人都能收获一批一辈子的真正朋友，收获自己一辈子真正难忘的爱情，如果真的没有爱情出现，希望你收获大学四年永远难忘的友情和终生有用的知识。

这是一个让你交朋友的时代，交朋友不仅仅是通过微信、QQ、陌陌，交朋友更多的是通过现实世界，通过一起在树荫下散步，一起跋山涉水，一起朗读诗歌、阅读散文，一起创作自己的文学作品，一起谈论自己的感情和未来。

第五，学会承担责任。

我们已经到了18岁，应该做一个真正的男子汉或者女汉子。当然，男子汉或者女汉子不一定非得练得肌肉发达，所谓汉子，是成为一个能真正独立思考的、有品位有魅力的人。每一个人肩上承载着很多责任，我们首先要为自己承担责任，使自己成为一个真正有担当的人，面对挫折失败不害怕，面对错误敢于承认，面对挑战敢于奋起努力。有担当意味着我们心中除了有自己，还要有他人。

比如，父母花了很多钱供我们来上学，还要连续为我们支付四年学费，这一切都非常不容易，不管你们的父母过去怎样，他们为了培养你们，已经尽到了责任。我们不能再为父母添乱，不能再让父母有任何担心，我们带给父母的应该是喜悦，而不是烦恼。我们的父母正在逐渐变老，他们希望在我们身边得到更多的温馨和关怀，我想每个人在这一点上都能做到。

与此同时，我们还承担着大量的社会责任。即使我们现在还是一无所有，即使我们现在还是分文不挣，我们依然可以走进社会，去尽自己的一份责任。在中国的农村地区，有多少留守儿童等着你们在暑假的时候去教他们，让他们的心灵得到温暖；在中国的贫困和偏远地区，很多孩子到今天还没有钱上学，希望所有人通过自己的努力为他们提供一点帮助。

现在中国上大学的学生，城里的孩子越来越多，农村的孩子越来越少。30年前，我在北大读书的时候，北大的农村孩子占到了接近40%的比重，今天只占到了10%左右，平均每年以1%的速度下降，可是农村适龄上大学的孩子在中国依然占到了50%以上。中国的社会不断两极分化，这个两极分化不仅仅是贫富悬殊的分化，还包括知识的两极分化，因为只有知识的两极分化才会带来真正的贫富悬殊，才会带来社会分裂。

我们每个人承担社会责任的行动，帮助中国落后地区的行动，将是我们为中国的和谐出的一份力。让我们为自己、为家庭、为社会多承担一点责任，让我们成为一个有责任感、有担当的人，因为只有有责任感、有担当的人，在人群中才会出类拔萃；因为只有有责任感、有担当的人，走向未来的时候才会顶天立地。这跟金钱、名声、地位没关，这跟你内心的雄心壮志有关，跟你自己内心的理想有关。

不管你遇到多少让你灰心丧气的事情，遇到多少艰难挫折，请记住，你的一生只有一条路可以走，那就是：**努力让自己成为一个真正的人，一个顶天立地的好男人或者好女人。**

突破现状，突破自己的缺陷

当我们接受现状之后，不能只满足于接受。接受了一切，对自己满意，觉得挺好，这样还不行，这样永远只能停留于现状，而你周围的其他人在做另外一件事，叫突破现状、突破自己。别人在不断突破的时候，你不突破就会落后。每个人在接受自己的同时必须冷静地判断自己最大的缺陷在什么地方。你有没有最大的缺陷？人不可能没有最大的缺陷。

我一辈子没有任何数学头脑，高考数学只考了4分。有的人问，4分怎么上大学的？因为当时非常缺乏外语人才，那时候只要是考外语的，数学不计入总分。否则的话，我一定还在农村种地。所以，我特别感谢当时中国的高考政策。

我后来想证明一下其实我是能学好数学的，就试着从头学代数，学了三天就放弃了，因为真不懂。给我一段文学作品、一段诗歌，我可以马上解释出各种情感，但是对于一道数学题，我真的拿它没有办法。所以，如果知识结构偏向某一类，就在这一类上极致发展好了。

有的人天生就是情感性人物，有的人天生就是逻辑性人物。我发挥自己的情感能力和想象力，现在也活得挺好。我说的缺陷是个性上的缺陷，这种短板最需要补。比如你是一个特别小气、斤斤计较的人，你要想想这会给你带来什么危害。一个锱铢必较的人一辈子不会得到大的机会，周围人一看你这么小气，凭什么跟你合作？

这种缺陷怎么突破？砸锅卖铁天天请别人吃饭，吃光以后你会发现周围人跟你特别好，因为你天天请他们吃饭，慢慢就把这个"病"治好了。斤斤计较是一种病。我们身上还有很多病，比如太内向等，要挑出自己最主要的一种病来治疗。

我现在做新东方，领导35 000名老师，新东方几乎没有出过乱子，说明我是有领导能力的。但是不管用，大学的时候我胆怯，总觉得自己普通话不行，知识结构不够好。实际上，我当时也不是完全无能，而是低估了自己的能力，也低估了自己抵抗失败的能力。后来想明白了，不管你多优秀，都会有人在背后议论你，说你坏话，你不优秀对方也会议论你。在这件事情上，你要做的是放开自己，允许自己打败自己，允许自己打败自己以后，再从地上站起来。

为什么叫突破自己？就是一瞬间把自己原来的障碍打开了，打开以后就是另外一片天地。我最喜欢讲一个故事，是我讲了很多遍的故事。春节过后的返程高峰，一个收费站因为收费系统瘫痪导致车辆无法通行，从中午12点到晚上1点，堵住了近8万辆车。无论怎么交涉，就是不放行。两边对峙着，没有一个人敢抬起栏杆，因为闯高速公路的栏杆算违法行为。晚上1点半，来了一个醉汉，把栏杆都打开了，工作人员没敢阻止他，几万辆车很快就通过了收费站。这个醉汉是谁呢？原来是其中一辆车的车主，闷得没事干了，就喝了一瓶白酒，喝完后就醉了，醉了就什么都不怕了，就把栏杆抬起来了。人最怕的是心理上有一个栏杆。当心理上有了一个栏杆，挡住了你的勇气后，你想变得成功和完善就没有可能性了。我发现这个世界上百分之八九十的人没有突破过自己，正因为这样，才导致他们人生的最短板挡住了所有长板发挥作用。人生不仅仅要发挥最大的长处，更重要的是要消灭那种把你害死的短处。非常庆幸我在北大当了老师，把自己的短板慢慢消除了，任何竞选都不害怕了。如果我现在还是自由身的话，什么女神我都敢追了。

与其有钱，不如让自己变得值钱

很多人一辈子有两个追求：一是有钱，二是值钱。

有的人运气好，出生于富贵之家，一出生就像贾宝玉一样嘴里含着玉，有钱就不是问题。但有钱解决不了第二个问题，也就是你本人值不值钱的问题。

值钱是个人价值的体现，比如你去找一份工作，人家给你开出百万年薪，那就表明你很值钱。有钱和值钱是两个概念。有钱的人不一定值钱，比如我们常常会看到一些"富二代"腰缠万贯，但除了挥霍什么都不会，这样的人"分文不值"。但值钱的人早晚会有钱，因为值钱的人都有足可夸耀的某种能力，凭借这种能力，他不仅可以安身立命，还能积累财富，这样的人甚至连存钱都不需要。比如一位著名画家，他需要钱的时候，画一幅画就行了。所以人们常说，不要把自己变成"储钱罐"，因为没有人能靠储钱变富；但一定要把自己变成"印钞机"，需要钱的时候，可以随时靠能力去取。

一个人与其有钱，不如让自己变得值钱，值钱的人才能体会到什么叫成就感。成就感从哪儿来？来自自己付出努力之后得到的某种收获，收获越大，成就感就越大。如果一个人的钱是伸手向父母要来的，那无论他有多少钱，都不会有成就感。如果一个人的钱是靠自己赚来的，那不管赚多少钱，他都会有成就感，而且只要来路正，钱越多，成就感就会越大。成就感是幸福的重要基石之一，从某种程度上说，一个人如果没有体会过奋斗所带来的成就感，那么他的人生幸福值也必定要打个折扣。

现在很多父母以爱的名义为孩子今后的人生准备好了一切，可谓用心良苦，事实上却剥夺了孩子的奋斗空间，也因此剥夺了孩子原本能够体会到的幸福。

一个人是不是值钱，有一个转折点。大学毕业的时候，你急于找工作，四处求爷爷告奶奶，不管给多少工资都愿意干。这个时候是你求别人，你的个人价值尚未得到体现，也可以说，此时的你还没有个人价值。当你踏上某一工作岗位时，因为对工作内容尚不熟悉，需要央求别人来教你，这个时候你也不值钱。

之后，通过不断的努力，你成了某一领域的专家或非常出色的管理者。这个时候，就是别人来求你了，老板会给你升职加薪，求你不要离开；别的单位会提供更高的职位和更高的工资，千方百计来挖你。这个时候，你才算真的值钱。一个值钱的人就可以摆谱，因为有了摆谱的资本。

比如诸葛亮，他为什么要刘备三顾茅庐方才答应出山？就是因为他知道自己的价值所在，要摆一下谱，这样刘备才会更重视他，未来才会给他更大的发展空间。所以，摆谱是需要能力作为资本的，否则就是找死。比如《三国演义》中的祢衡，光知道摆谱和骂人，却没什么治国才略，最终死于刀下。

　　一个人不断努力的过程就是让自己不断值钱的过程：值钱之前，是你求别人；值钱之后，是别人求你。但需要特别指出的是，我这里说的"别人求你"，不是因为你有权，而是因为你有能力。假如你碰巧有能力而且有权力，这个时候，不管你多么值钱，都得离钱尽量远点。

获得大成就的必经之路

我们做事情常常会有两种状态：一种是自愿自觉地去做；另一种是尽管艰难，却不得不去做，坚忍不拔地去做。肚子饿了我们会去吃饭，困了累了我们会去睡觉；快乐的地方，只要有机会，我们就会去寻找，比如电影院、游乐场或名胜地。这些都是自愿的事情、人性所趋的事情，可能每一个人都不会例外。但如果只是吃喝玩乐，我们会逐渐失去活力，甚至体会不到生命的美丽。

生命的美丽来自进步和成就，只有进步和成就才能使我们感到生命存在的意义。人类是需要进步和成就的动物，进步和成就包括经验的积累、精神的培养、学识的增加、智慧的获得、人格的塑造等，当然也包括世俗的财富、名声和地位的获得。但所有这一切并不是天生带来的，都需要后天的努力才能获得，而努力在大部分情况下是违反人性趋向懒散的特性的，因此是面对现实的一种不得不为之的行为。

很有意思的是，我们常常会发现人与人之间的不同。比如我们常常发现有的人好像天生就有获得进步和成就的能力。我们不难发现，周围有些人能够把学习本身当作一种乐趣。我小时候就吃惊于班里的一些同学，能日日夜夜地学习而不知疲倦，乐在其中。这里面不乏因为老师的表扬而强化了他们的学习积极性的情况，但也可以反过来说，正是因为他们乐在其中地学习，所以成绩优秀，这才受到了老师的表扬。

人确实天生有不同的爱好，因此会逐渐向不同的方向发展，正所谓"性相近，习相远"。比如有的人喜欢语文，有的人喜欢数学，有的人喜欢游泳，有的人喜欢下棋，各种不同的爱好使人们自愿自觉地向自己爱好的方向努力，最后常常能够取得成就，这就是俗话所说的"兴趣是最好的老师"。如果一个人能找出自己的兴趣所在并且自愿自觉地去做，就更加容易取得成就。

但如果到此为止，事情就太简单了，我们只要去寻找自己感兴趣的事情做就行了。但现实并不是这样的。一个人去做自己感兴趣的事情，并不一定就能够取得成就。首先，感兴趣的事情有的时候并不是好事情。比如一个人如果一天到晚泡在打游戏中，通常不太容易把自己打成另外一个比尔·盖茨；比如一个人如果一天到晚喜欢喝酒，通常不太容易把自己喝成济公那样的智慧人物。

其次，感兴趣的事情就算是好事情，也不一定能做出好的成就。世界上有无数人喜欢下围棋，但能下到像聂卫平那样的人屈指可数；世界上有无数人喜欢研究数学，但能研究到像陈景润那样的人寥若晨星；世界上有无数人喜欢舞墨弄画，但能够画到像徐悲鸿那样的人百年一遇。很多人说这是因为人的天分不同，但在我看来，天分的作用只在其次。最重要的是，所有获得大成就的人，都经过了一条必经之路，那就是从自愿自觉走向坚忍不拔、艰苦卓绝的努力，最后才能达到一个极高的境界和成就。

我们每个人都有爬山的经历，如果我们爬一座小山，可以用散步的心情一边欣赏风景一边爬上去，不需要付出太多的努力。但如果我们要爬上泰山或黄山，即使你非常自愿自觉地去爬，也会爬得你气喘吁吁、汗流浃背，尽管景色很美，有的人可能也会中途放弃。如果我们要爬珠穆朗玛峰，那就绝对不仅仅是自愿自觉的问题了，这需要我们付出所有的精力、体力、耐力，要有坚忍不拔的意志和面对绝境的决心，还要做好付出自己生命的准备。

我有一个认识的人曾经去爬过珠峰，爬到一半时无数次想放弃，但之前所有的努力、内心的自尊、被绝境激发出来的勇气使他愿意用生命去博得登上珠穆朗玛峰的荣耀。后来他用一句话来形容当时的心情："到了那种时候，死了也得往上爬。"

凡是做出大事业的人，也许刚开始是出于爱好和兴趣，自觉自愿地去做了，但到后来，自觉自愿已经退到其次，坚忍不拔的勇气和意志开始越来越占上风，自己对自己的承诺，别人对自己的期待，使自己不得不努力前进，不断突破自己的局限。那是一种怎样的坚定不移啊！

有一次，我和一个游泳奥运冠军聊天，谈到她在游泳池里矫健的身手时，她的眼泪都要流出来了。她说："你知道我身上有多少伤痕吗？你知道有哪一个运动员身上是没有伤痕的吗？小时候只是因为喜欢游泳，但后来整整十年的训练就是为了奥运会的那一刻。你知道为什么奖牌挂在运动员脖子上的那一刻，他们的眼中会充满泪水吗？因为他们之前经受再大的伤痛也不流泪。"在她说这些话的那一刻，我明白了一个道理：我遇到再大的困难，都还没有资格流泪。

　　因此，凡是想要获得大成就的人，也许从自愿自觉到坚忍不拔是必经之路，也许只有当你们被自己的努力感动得泪流满面时，你们的生命才能叫作"美丽的生命"。

失败不过是成功的垫脚石

青春总是充满你做的傻事，总是觉得被人欺负，但总是觉得这是不可避免的事情。就像我在大学的时候，总是帮一个女生扛包，她上火车的时候给她扛包，下火车的时候给她扛包，后来我发现这个女生在校园里跟另一个男生在散步。我就问她这个男生是谁，她说是她的男朋友。我就很生气地说，你既然有男朋友，为什么上火车、下火车还要让我给你扛包呢？她说，我是为了让我的男朋友休息一下。

但是，我到今天依然没有后悔，因为我觉得那就是青春。如果我计算好了我能从女生身上得到什么，再去做自己该做的事情，我就变成了一个计算型的人物，而计算型的人物只跟老奸巨猾的人相关。

青春其实跟三个"想"有关，叫梦想、理想和思想。当我们能坚持自己的理想，追逐自己的梦想，并且探索自己的独立的思想的时候，我们的青春就已经开始了。

当我们坚持自己理想的时候，要坚决不放弃。这一点，我在小时候就学会了，所以我在16岁开始高考的时候，第一年高考失败，第二年高考失败，坚持考了第三年。我的理想并不是上北京大学，但是我最后走进了北京大学，因为我坚持了自己必须上大学的理想，知道在农村没有广阔天地，也不可能大有作为。

但是，在人世的沧桑中，我们很容易放弃自己的梦想。梦想常常跟我们的青春有关，但是不要忘了，当你随着岁月的流逝放弃梦想的时候，也意味着你生命的结束。

青春最大的标志其实是坚决不承认失败，历经挫折，此心不改。什么样的心是永远美丽的心？就是一颗永远拥有希望的心，从绝望中寻找希望的心。你要永远拥有一颗勇敢的心，面对任何挫折失败和打击，都能够站起来，向天空大喊一声，在你身边的世界依然是美丽的。

你依然有着快乐之心，在无比绝望以后，你依然相信这个世界上大多数人都是好的，这个世界永远会给你机会。被踩到泥土底下，你依然能像种子一样，长成一棵大树。

面对失败的考验是每一个人都会经历的，每个企业家都至少会失败三到五次。如果让我计算，我一生中失败的东西比成功的东西多太多了。我的成功只有一个，就是创办了一家小小的新东方。而我的失败有无数个：高考两次失败；大学没有谈过一场恋爱；得了肺结核在医院住了一年；被北大开除；做新东方的时候，为了拿到一个执照跟人喝酒，到医院里抢救六个小时。每一个都是失败，但是所有这些失败都是我走向最后一个成功的垫脚石。

同时，我们要相信青春跟年龄没有任何关系。有的人在16岁、20岁的时候，青春已经死亡，他对生命已经没有任何期待，也不再具备奋斗精神。有的人到了80岁以后，依然具备青春洋溢的色彩，在思考未来的生命到底该怎么过。

所以，青春给了我们八个字——拥有热情，相信未来。

诗人食指（郭路生）曾写过一首诗，叫《相信未来》，其中有两句是："朋友，坚定地相信未来吧！相信不屈不挠的努力，相信战胜死亡的年轻，相信未来，热爱生命。"

学会接受现状是走向成功的第一步

如何让自己一步步走向成功？第一步要做的事就是接受现状。你本来是怎样就怎样，要先接受。你本来长得是这样的，却要让自己变得更英俊、更漂亮，这只能反映出你自己内心是自卑的，这样的人一辈子能获得成功的概率非常低。

有一次，一个人给我一份商业计划书，我一看照片，就说："这个人不是你。"这个年轻人很不好意思地说："俞老师，我觉得要成功，一定要外表吸引人，所以我整容了。"我说："我一辈子不会投你。"我特别欣赏从生出来就欣赏自己外表的人，比如马云。一个人怎么能不欣赏自己的外表呢？再丑的人，只要有自信，就会变得美丽。

长得再英俊，内心缺乏自信，缺乏欣赏自己的勇气也是丑的，否认自己是最大的丑。所以，必须接受自己。比如有人不接受自己的父母贫困，不接受自己的父母是农民。如果你连出身都不能接受，还是人吗？嫌父母是农民觉得给你丢脸，还是人吗？

从小到大，我从来没有因为父母是农民就感觉自卑，从来没有因为父母是农民就感觉父母不应该到大学来看我。当然，我一进大学就习惯了同学们叫我农民。这些天定的东西，出身也好，外表也好，你应该感到骄傲。

很多人在自己取得成功之前对自己的农民、工人身份讳莫如深，到自己做成功了，又开始以出身农民或工人为骄傲。在这一点上，我前后一致，一直说自己是农民出身。我大四的时候父母从农村来看我，我非常骄傲地把母亲背来的各种东西分发给同学。我在大学的时候，有城里的同学没有去过农村，过年的时候，我带着大学同学去农村过年。你应该为自己的出身感到骄傲才对。

不管你现在是怎样的状态，都要去坦然接受，比如成绩不好，比如性格有缺陷，比如残疾。首先要接受自己，才能发挥自己。网上有一个没有手脚的澳大利亚小伙子胡泽备受关注，他首先接受自己，为自己的身体感到骄傲，内心充满了自信。在这个前提下，他练就了可以让人生快乐的各种本领，虽然没手没脚，但游泳游得那么快，跳舞跳得那么好，打电脑打得那么迅速。

这些本领是怎么练就的？先接受自己。最后的结果，众所周知，他不光自己接受了自己，而且被全世界接受。更有意思的是，他还被一位日本美女接受了，两人结了婚，没手没脚的他却生出了非常健康的孩子。

他们身上散发出自信的光辉和人性的美。他们充分相信自己，觉得自己能够胜出，最后真的胜出了。

不要为眼前的得失而动心

有一个成语叫"动辄得咎",意思是说,只要选择做事情,就会有得失,就会冒险。如果你知道每一次失去的背后有一个更大的目标,有更多的考验,生命中还有太多的事情需要去做,你就不再会为眼前失去的东西感到痛苦了。

选择"动"实际上是要解决人生的困境,解决我们日常的困难,在动的过程中,我们在丰富我们的人生体验,丰富我们的心灵,锻炼我们的意志,最后使我们变成一个有着坚强意志,有着坚定不移的个性,对未来怀有美好向往的人。

所以,得到与失去永远是一枚钱币的两面,你得到了钱币的正面,就失去了它的反面;你看到它的反面,不可能同时看到正面。要用正确的心态辩证地对待生活中的得失。在这个世界上,你要理解什么叫得到,什么叫失去,是非常困难的。因为有很多东西需要一辈子的努力,并不是一天两天就能得到的。作为一个员工，如果拿的是计时工资，工作两小时即可拿到两小时的工资。但是生活不是这样的，生活中得到与失去是一个大循环的过程，不是现金交易，而是一辈子的"交易"。比如，我们两人之间的交情很深，一辈子虽然没有金钱的交往，但是最后你得到了我的信任，我得到了你的信任，我们互相之间的信任可能就变成了这个世界上最珍贵的东西。

世界上很多人看不清这样的道理，他们会过分地贪求，过分地想要去获得眼前的利益。结果，过分地贪求变成了失去一切的原因。贪官、贪商没有一个人能逃脱法网，即使没有被抓起来，睡觉也会出冷汗。周正毅被逮捕以后说的第一句话是："我总算被抓住了，这样我睡觉可以睡得安稳一点了。"因为他在被抓住以前，睡觉都是不得安宁的，天天做噩梦从床上跳起来。即使他不被抓起来，最后也可能会犯心脏病死去。

只顾眼前的利益一定会直接导致人生和事业的失败。中国由于过去太贫困，所以来了一点点商业机会以后，很多人就会只顾眼前利益，而不顾将来。中国很多人开饭馆、做生意都卖假货，为什么？因为他们觉得这是赚钱的最佳方法。但这样的人到最后失败的多，成功的少，因为成功是以信誉为基础的，而信誉是建立在人们长久的观察之上的。

当人们第一次发现不对头，第二次就不会买了。当年中俄边贸非常红火，中国人把一辆火车皮的各种杂货拉过去，俄罗斯人不检查就收下来了。尽管那是旧货，但他们知道那是真货。但是后来，中俄边贸出现了什么情况呢？俄罗斯人特别喜欢买中国的羽绒服，而很多中国人为了赚钱，做羽绒服时就把稻草、鸡毛塞了进去。

俄罗斯人发现上当以后，中俄边贸的比例开始直线下降。现在常常会听说中国的商人在俄罗斯被俄罗斯人打，被俄罗斯人欺负，其根本的原因并不是俄罗斯人本来就想欺负中国人，而是俄罗斯人被中国商人骗了，最后就迁怒于所有中国人。当俄罗斯人被一个中国人骗了以后，他一定会相信100个中国人都是这样的，这就是群体效应。

我再举一个例子。在山东有一个蕨菜生产基地，向日本出口蕨菜成了那个地区唯一的经济来源。日本人要求把蕨菜放在太阳底下晒干了以后打包运到日本去。由于放在太阳下晒干需要两天时间，很多老百姓等不及，就把蕨菜收回家以后开始用锅炒。炒了以后，蕨菜表面上是干的，但是日本人发现用水泡不开了。日本人就警告这个地区的人，千万不要用锅炒，一定要放在太阳底下晒。

大部分老百姓遵守了这个规则，放在太阳底下晒。但是规则并不是说有大部分人遵守就能维持下去的，一定要所有人都遵守，规则才能成立。如果有一家老百姓违反了，就会破坏所有的规则。仍然有几家老百姓把蕨菜偷偷地放在锅里炒，日本人发现以后，在一天之内断绝了跟这个地区的全部蕨菜交易，这个地区一夜之间失去了所有的经济来源。现在，这个地区的老百姓依然在贫困中挣扎，因为他们的蕨菜卖不出去了，日本人下定决心不到这个地区收购任何蕨菜。

由此可见，当一个人只顾眼前利益的时候，将最终导致人生和事业的失败。但是很多人实际上正在这么做，自己却没有意识到，直到最后失败了，才回过头来找原因，而且通常把原因归于别人，能从自己身上找原因的人少之又少。

当然，有时候在生活中我们失去了一些东西不一定是坏事。比如说，你失业了，才知道生活有多么艰难。你失恋了，才知道感情的成熟是多么必要。有这样一句歌词："因为我得不到你，所以我把你珍藏在心里。"世界上有一种现象，得到的东西就不再是自己的东西。

我们拥有很多幸福和快乐，拥有美好的家庭，但我们熟视无睹。我们不尊重我们的爱人，不尊重我们身边的同事，不尊重我们所得到的工作机会，最后失去了才发现，我原来怎么不知道这些东西是那么珍贵啊。

我们的生活时时处于得与失的选择之中。比如，你选择恋爱就是选择快乐，但同时也是在选择失恋，因为没有一个人会一辈子都恋爱成功，像钱锺书和杨绛那样的爱情故事在全中国找不到几个。因此，当你选择快乐的时候，你同时也在选择痛苦。有很多事情很难两全其美。

我曾经到北戴河去写报告，到了孟姜女庙，服务员说，烧一炷香，许个愿吧。我就给自己许了一个愿，后来发现这个愿望是实现不了的。我给自己许的愿望是：愿自己的存在、自己的消失、自己的活动以及自己的不活动给我周围的所有人带来快乐和幸福。这个愿望实际上实现不了，因为我的存在本身已经造成了很多人的痛苦。

当然，我的存在也给一些人带来了快乐，我的消失本身没法使所有人快乐，至少我的母亲会为我悲伤，我的老婆、孩子会为我悲伤。因此，这样的愿望实际上只是表达了一种对生命完美的向往而已。

我有一个向前走的比喻。在我们前面有一瓶水，因为它是好东西，所以每个人都想得到它。为了得到这瓶水，我拼命向前跑，结果在我快要抓住这瓶水的时候，水却被别人拿走了。但不能因为别人拿走了这瓶水，我就不向前走，我一定还要继续向前走。这个时候，我会发现前面还有一篮鲜花在等着我。

当然，我走到鲜花面前时，可能它又被人拿走了。但是这个时候，我依然不能绝望，我知道失去了鲜花，未来还有东西在等着我。我再向前走，走得更远，就看到一台笔记本电脑在等着我，而它的价值可能比鲜花还要高。如果笔记本电脑我没有拿到手，我还要继续向前走，也许我心爱的人就在那里等着我。

当你用这种心态来对待生活中的得失的时候，你知道失去的背后还可以得到其他东西。即使最后什么东西也没得到，你也知道自己在追求的过程中，生命得到了丰富。如果有这样的心态，你就永远不会失落，你就永远不会失望。

如果抱着这样的心态，知道每一次失去的背后有一个更大的目标，有更多的考验，生命中还有太多太多的事情需要去做，你就不再会为眼前失去的东西感到痛苦了。

机会只给真正准备好的人

一个人想一辈子做好事情，有一个前提条件，得看"大势"，人不能逆势而为。目前中国的大势是什么？是融入世界。这件事是任何人可以左右的吗？任何人都不能左右。中央的方针政策是加快融入步伐，如果出现一些错误，会减缓，但是不管怎样，中国融入世界的脚步不会停止。

这是一个互联网可以把全世界的每个人无障碍地连接在一起的时代，即使没有官方媒体、电台、电视台，我们依旧可以获取所有信息。我们只要学会一个本领就行，不是寻找信息，而是学会分辨哪些信息是正确而真实的。

所以，我们正在享受中国繁荣带给我们的一个又一个机遇。是不是这样的机遇对每个人都有好处呢？有好处，比如现在去美国已经不那么难了。现在只要出示10万元以上的资金证明，就可以办理签证了。我想，现在我们有10万元应该不难了，对农村的孩子来说也许有一定的难度。现在只要去旅游，就给你10年签证，美国10年，加拿大10年，欧盟很快会开放5年，而越来越多的国家开始对中国人实施落地签证，未来也许你走遍全世界都不用跑大使馆了。

这象征着什么？象征着世界在向我们开放。这要感谢全国人民一起奋斗，把中国变成了富强的国家。国家如果不富强，每个人都是要饭的，人家不会对我们开放。我们大部分人是出去花钱的，中国人花钱的方式比较夸张，弄得外国人比较妒忌。但全世界对中国这么开放，是因为中国富强了，世界经济共同发展，谁都离不开中国。

不管美国人对中国人有多少看法，当国家主席习近平一到美国，美国总统奥巴马就一直陪着。习近平主席夫人彭丽媛的全英文演讲，我认真地从头听到尾。彭丽媛的发音非常准确，一个原来从来不讲英语的人，能把一篇英文稿读得如此标准，是非常不容易的。中国历史上伟大的女性中，只有两个人的英语演讲能跟彭丽媛媲美，一个是宋庆龄，一个是宋美龄。连我们的主席夫人都要学英语，我们有任何理由不学吗？

为什么要用英文演讲呢？因为用英文演讲是一个象征，象征着中国人民包容全世界的一种胸怀，因为英文被认为是世界语言。在这样的情况下，谁还能把中国带向封闭的时代？这是一个大趋势，每个人都在分享这个时代，但并非每个人都能分享到。因为有些人其实是没有为这个时代的到来做好准备的，有些人眼看着机会从自己眼前走过，但没有能力抓住，就像一个漂亮的女生从你面前走过，你却没有勇气和能力问到她的名字和微信号一样。因为你知道你没有准备好，你知道问了以后会被人顶回来，你知道问了以后可能会被打一巴掌，问了也白问。

但是你准备好以后，对方会觉得你有风度、有气质，人家不会觉得你是臭流氓，她可能心里也想要你的微信号和电话号码。我上大学的时候，如果追北大任何一个女生，都会被拒绝，所以我上大学时特别有自知之明，五年没有追过一个女生。但如果我现在问任何一个女生要微信号，我相信一般都能要到。当你没有准备好的时候，做一切事情都是自取其辱。

很多大学生知道我在搞天使投资，给我递交商业计划书，但我发现很多学生其实根本没有准备好。只是觉得有一个机会，既然有人投钱，就想一个创业项目出来吧。有的时候会出现这样的情况，商业计划书拿过来了，我说这个不行，几天后又拿出一个商业模式，第三次再拿来一个商业模式。三个星期拿三份商业计划书，三份计划书是三件完全不同的事情，你马上可以认定他只是想用商业计划书忽悠一份投资。他对自己做的事情没有真正的热爱，根本没有深刻的领会。

我们都是老狐狸般的人物，怎么会被轻易忽悠呢？你对事情的热爱和真诚，是一眼就能被看出来的。所以，你会发现"机会只给真正准备好的人"这句话是实实在在的。光靠外表长得漂亮、英俊是不管用的。

人一定要对自己有伟大的期许

我认为,我们这一代人,如果在有生之年不做出一点惊天动地的、让自己感觉骄傲的事情,你就辜负了这个时代。

我们已经有人做了很多事情,过去几十年,商业界出现了柳传志、张瑞敏、任正非、马云、马化腾、李彦宏,也出现了北大企业家俱乐部里众多优秀的企业家,他们在各方面为社会做出了贡献。

这些人在自己功成名就以后,并没有停止前进的脚步,包括我在内,都希望年轻的创业者能做出比我们更加伟大的事业,这就是时代的召唤。只有一代人比一代人做的事情更加出色和伟大,中国才能变得伟大,才有可能不仅融入世界的发展,而且引领世界的发展。

但伟大的事业不是凭空产生的,改革开放至今,全中国人民都在参与,无数人在做生意。即使是这样,真正把事业做得伟大的人也是屈指可数的,所以并不是每个人都能实现伟大的目标。伟大的事情是怎么来的?

我认为是来自对自己有伟大的期许，必须自己想要伟大。你不一定能做到，但至少走在了走向伟大的道路上。

世界上伟大的政治家都是对自己有伟大期许的人物，从华盛顿到林肯，到曼德拉。从中学开始，曼德拉就把消灭南非的种族隔离政策作为自己的终生理想。很多企业家，比如马云说，让天下没有难做的生意，这就是一种伟大。

对自己有伟大的期许，其中有三个要素：理想、思想和情怀。

所谓理想，比如我们做小生意的时候想要赚钱，新东方收到第一笔钱的时候，我也高兴得不得了，这都没问题。但我们要在自己的事业过程中不断堆积理想的光辉，如果我只想做一个小小的培训班，那今天不会有新东方，因为我看到了新东方的事业可能会为中国未来的发展带来一点影响，所以我就给自己增加了一个使命。

我认为中国未来的发展，一定是中西方融合的发展，中西方融合就一定有一代又一代的人到国外去学习深造，理解西方文化，同时又能回到中国，将中国带给世界，所以我希望新东方能把很多人带出国门，很多人又把世界带回中国。有了这样的感觉，你才能把你的事业往远处推，往高处推，否则你的眼睛只会天天看着挣了多少钱，怎么样省钱。所以我认为，任何时代，心中有理想做指引非常重要。

但理想不是凭空而来的，而是来源于思想。

所以，第二个要素是思想。思想来自阅读、行走、交往。做事情的过程中要不断地思考，注意经验的积累。所以，我反复强调读书这件事情，因为很多中国人是不读书的，很多创业者也不读书，即使偶然读一两本书，也都是非常功利的书，比如在互联网时代怎么成功、互联网思维这类的书。尽管有时需要读一些这类的书，就像厨师需要读菜谱一样，但我认为如果一个厨师只读菜谱，不读哲学、文化、历史，他永远做不了世界一流的厨师。

创业者如果只读创业书籍，不涉及触及人类灵魂的哲学、历史书籍，我认为他也做不了伟大的创业。

第三个要素是情怀。不要追求一时的事情，虽然有时候不得不做一时的事情，但一定要追求有情怀的事情。如果把一生的情怀放进去，这件事不可能不伟大。

什么叫一生的情怀？悲天悯人是情怀，做善事是情怀，创造伟大的企业是情怀，拥有伟大的思想是情怀，把自己一辈子过完可以说一声自己没白过，这都是情怀。有情怀的人一定不会做坏事。

你的成长一定要比世界更快

你的进步一定要比这个世界的进步快

现在"80后""90后"的负担很重,其实很多负担很重的人,比如新东方的很多"80后""90后"的主要麻烦在于车和房。在某种意义上,他们还是没有去追逐真正的属于生命本质的东西。

我不是说不要钱。当你租一间房子,使你不用还房贷,也使你还有足够的生活费,甚至还有旅游费用的时候,你为什么不租一间房子,让自己过得更加轻松呢?这是第一。

第二,并不是你租房子以后就不再努力了,你的关注点必须是每年能让自己进步,这个进步不仅是金钱上进步,而且生活上、工作上也要进步,你的进步一定要比这个世界的进步快。如果世界的物价每年以10%的速度上涨,你的工资上涨速度必须达到20%。如果你每年进步100%不可能,进步20%还是可能的。不要计算你的生命达不到的东西,要计算你生命的进步速度，这样你达不到的东西最后会自然来到你的身边，要以这样的心态做事情。

我在北大的地下室住了四年，在十平方米的房子里住了六年。那个地下室只有六平方米，根本放不下一张大床，也没有窗户，我跟我老婆当时已经结婚了，两人睡在一张北大学生宿舍的那种小床上，那三四年是我们生命中最亲密的时光。现在有了大床，反倒不愿意睡在一起了。生命的喜悦和物质条件在某种程度上有关联。

年轻人需要怎样的职业规划

调查表明，大学毕业以后，最后真正从事自己专业的学生大概不到50%。对现在的年轻人来说，一方面确实工作难找，但另一方面，确实没有为找工作做好充分的准备。比如从大学开始，很多学生就去实习了，却忘了培养自己的个人素质。

我参与应届毕业生招聘工作时，提出的第一个问题就是："请问你最近读了多少本书？"有的学生根本回答不出来，也有同学说我今年读了三四十本书。我说你讲一下你读过的书中印象最深的三本书，说出书名，并且告诉我这些书为什么给你印象这么深。我这么做是为了考察学生的综合能力、读书的底蕴。把书中印象深的东西分析总结出来，这是一种能力。考察了他的这些能力之后，我再考察他的专业知识。

另外是心态问题。我特别希望大学生毕业以后，甭管什么工作，先干了再说。我举一个简单的例子。新东方最初成立的时候，我雇的都是下岗工人，甚至还有四五十岁的阿姨，其中一个阿姨给新东方打扫了七八年的厕所。她走的时候，我觉得应该给她奖励，当时新东方刚刚股份化，每股

1元人民币，现在是30美元。阿姨走的时候，我送了她5万股，因为她打扫卫生非常干净，对学生服务非常好，当时我每个月给她800块钱工资，20多年前800块钱的工资已经很高了。阿姨顺便说了一句，还不如给我现金算了。我说，这是你没有眼光，10年后，如果你还愿意拿这部分股份换人民币，到时候再给你现金。现在这部分股份值多少钱，可想而知。

高盛的前老总最初是高盛总部收发室的一名职员，因为收发信件，常常跟老总打交道，老总觉得这个孩子工作态度特别认真，人也不笨，就开始慢慢教他。过了20多年，他变成了高盛的第一把手。

其实，不管做什么工作，先锻炼自己的工作态度，在这个过程中再给自己空间和时间去寻找新的更加有意义的机会。

要想取得成功，最重要的是修炼自己

企业家要勇于改变和改造自己

在互联网时代，世界发生了天翻地覆的改变。事情是做出来的，不是说出来的，北大人在做实事。黄怒波师兄是属于不使用互联网而又最有互联网思维的人，他不用微信，也不用短信，但是他真正抓住了企业变革的机会。

如今很多人一天到晚都在谈互联网，也一天到晚在谈颠覆，最重要的是企业家个人的能力，从内心拥抱变化，在变化中寻找机会的能力是保持企业可持续发展的一个最根本的保证。

诺基亚为什么会倒闭？柯达为什么会倒闭？其实原因非常简单，这些公司到最后都是职业经理人出了问题。诺基亚的致命一击是雇用了微软的人当CEO，错误地放弃了塞班系统，没有用安卓系统，而是用了微软系统，最后把诺基亚给整死了。并不是说他们没有正确的思维，而是他们这些企业老总和职业经理人对企业不负最终的责任。

陈东升那么自信，拥抱互联网一点都不犹豫，因为公司就是他的，泰康人寿没了，他的命也没了。职业经理人是公司没了，但是他的工资照拿不误，这就是二者的区别。所以，我不会把新东方交给别人。

不管时代怎么变迁，技术怎么变迁，移动互联网带来的这种商业颠覆的模式会改变某种商业的形态。一个人想要取得成功，最重要的还是修炼自己，把自己修炼好了，就能把企业或者把你做的事业给修炼成。

在中国的各个群体中，我最佩服的就是企业家，因为这些企业家每时每刻都在接受新思想、新思维、新挑战，并且勇于改变和改造自己。老百姓会落后，公司中层管理干部和员工会落后，如果说有一个群体不能落后，那这个群体就是企业家群体，因为他们不仅在寻求变化，而且必须把自己的企业、事业放在变化前面来考虑。在变局产生之前，必须布好局。

他们还必须具备非常敏锐的判断能力，要立得住、站得定、坐得稳，这是很难的。大概在六七年以前，我们一帮企业家在一起吃饭，马云和王健林有一次对话。当时王健林要做万达影院，马云建议王健林："你别做影院，所有的电影一放在网上都能下载，家庭影院会兴起，家庭的屏幕和音响不比电影院差。"然而看看今天影院的收入，随便一部烂电影都有几个亿的票房。马云在这个判断上也出了一些问题，而王健林的判断很正确。当时王总只说了一句话："小马哥，你能想象两个人谈恋爱，在家里看电影，坐在家里，父母看着他们的场景吗？"

这就是商业的判断。不管是刚才我提到的陈东升，还是我自己，都曾被无数人挑战和颠覆过。2013年底到2014年，喊出要颠覆新东方的公司有40多家，还有一家号称三个月颠覆新东方。现在我还站在这里，而那家公司不知道哪里去了。颠覆没有那么容易，但一定要有颠覆性的思维。

马云为什么把阿里巴巴做得这么大？新东方的名号为什么这么响？原因是我们的自信度不一样。马云比我厉害，他进了杭州师范学院后给自己定了一些非常高的标准，要求专科变成本科，成为校学生会的主席，还要跟学校的美女谈恋爱。这三件事情在我看来是无法实现的，而他在大学四年全部实现了。

我在北大整整自卑了七年，这七年包括在大学整整五年，加上在北大当老师的两年，七年时间没有恋爱过，没想到后来我追第一个女孩子就追成了。我第一次创业就是创办新东方，也做成了。当你的能力被自己否定的时候，你在这个世界上是做不出事情来的。马云不同，他从不否定自己。因为不否定自己，就会变得越来越有能力。越来越有能力，你就会叠加自己的自信，相信自己能把事情做成。

所以，我常常说我非常后悔，后悔一次就把新东方做成了，以至于我没有勇气第二次创业。马云做成阿里巴巴已经是他第五次创业，他依然相信自己能把事情做成，结果阿里巴巴做成了，市值比新东方高400倍。

抓住"痛点"，别被表象迷惑

人只有改变自己，才能改变别人，必须从思维本质上改变自己。

我们内心深处必须认为自己就是那个人，这即是所谓的认定自己是将军才能当将军。有多少人从内心深处想要干成事情，就是要领导这个产业发展的人，不管我现在的企业有多小。我自己可以定位我必须变成中国民办教育产业的领路人，我发现自己走对了路。原来我一直认为自己是培训个体户，后来我敢于把徐小平等人招回来，跟他们一起赚钱做培训机构，我们组合在一起就能做成中国最大的教育集团。

给自己定位了，人就会改变。如果泰康人寿董事长陈东升去卖保险，他一定只是个保险推销员，尽管他长得比较英俊，可能卖得多一点。所以，人要先给自己定位，从内心深处真的相信自己。我跟马云同时开办外语培训班，我的第一期班13名学生，3年以后变成了3000名学生，而马云的第一期班20名学生，3年之后还是20名学生。但是他的厉害之处在于，阿里巴巴"十八罗汉"中，有8个来自这个外语培训班，在用人和挖掘人的潜力方面，马云很厉害。

后来我终于相信自己还是有点能耐的。所谓的客户痛点，要引起客户的注意，核心就是我们不要被客户的表面现象迷惑，要搞清楚客户到底需要什么。

我读过这样一个故事，说20世纪50年代的女人喜欢工人，20世纪60年代的女人喜欢军人，20世纪70年代的女人喜欢读书人，20世纪80年代的女人喜欢诗人，20世纪90年代的女人喜欢富人，证明这个世界上女人是多变的，男人是专一的，而男人自始至终只喜欢漂亮的女人。

其实，女人比男人更加专一，因为她们只追求有社会地位的成功男人，在工人、军人、读书人、诗人、富人的背后有一个核心点，这个核心点就是在那个时代，这个身份代表了成功男人的身份。在男人心目中，漂亮有不同的标准，这就叫客户痛点。你不要从表面上去看客户需要什么，你要从内心分析针对的客户群体是什么，然后为他们服务好。

我认为三星是必然会失败的，我当了三星五年的忠实用户，最后发现没有一款手机是我身份的象征。当任正非把Mate7手机送给我的时候，我觉得这不仅是身份的象征，而且是民族产业的骄傲。建立粉丝经济，不是什么客户都抓，要抓你能抓住的。在大学，马云为什么能找到女朋友，而我没能？因为我没有在大学把自己塑造成一个有身份的人。你不给自己打上身份的标签，就不可能引起别人的关注。

你光跟客户说自己的产品好是不管用的，你的产品好一定是基础，产品必须好，如果产品不好，什么都别说。但是产品好了，依然要有另类的销售模式才行。

真正的敌人不在你的名单上

在这样一个跨界的时代，光努力是不管用的，必须要动用你的智慧。现在不管讲互联网+还是O2O，都已经不管用了，讲颠覆也不管用了，因为颠覆是自然发生的。互联网+和O2O业务，不管是在教育产业上，还是在养猪产业上，都是一模一样的，我们全都在做。我们要做的是在被别人颠覆之前，我们就把自己的商业模式颠覆。

真正是你敌人的人，根本就不在你敌人的名单上。在我名单上的人，颠覆新东方的可能性不大。陈东升把新东方颠覆是有可能的，凡是买泰康人寿保险的人，所有教育都免费，我的新东方可能就没了，而他免费不会没得赚，因为他背后有强大的保险业务在支撑着他。把钱存在泰康，10年以后可以拿到10万元，他可以做到，他跨到银行业。在那个领域中，别人比较缺乏跨界思维，而他有这种思维，就占据了优势。银行被卖零售的人颠覆了，尽管他根本搞不清楚跟银行相关的业务。

企业家要静下心来想在哪些方面我们可以自己颠覆自己，哪些方面不要急于颠覆自己。新东方曾经开会讨论，我们想干脆把线下培训全部关掉，全部转到线上来。后来我说这件事情还不能随便做，教育从本质上来说是如何能让学生更加健康地成长。我跟王健林是一样的思维，到电影院去不是为了看电影，有的时候到教室里来也不仅仅是为了学习。我发现一个很有意思的现象，一些初中生和高中生在自己的学校里，男女生之间的关系很紧张，必须偷偷摸摸。而在新东方培训班，中学生异性的交往非常活跃，有愿望互相交往。在新东方教室里的中学生的学习效率比在自己班级里的学习效率高，因为他们都是从不同学校来的，互相没有背景上的牵扯，交往比较活跃。由于这样一种轻松的环境，学生反而学习更好了，这里面带有体验色彩。

所以，我觉得企业家要根据对自己产业的深入了解和对自己客户群体的深入了解来变革，而不能听别人一说，你就变了。

先要理解生意的本质，才能开始做生意。我最喜欢《阿甘正传》里的一句词："我知道我不聪明，但我知道什么是爱。"**当你爱你的事业，当你爱你自己的生命，当你愿意把你的生命和事业结合起来的时候，我相信你一定会无往不胜。**商业模式是任何时候都可以学习的，但是爱来自你的内心。

人要为做人的使命感而活着

对我们每一个人来说，人这一辈子好过也是过，坏过也是过。我们经常说"好死不如赖活着"，就是这个道理。著名作家余华写了一本小说，叫《活着》，它描写的是中国的老百姓在社会变革及政治舞台中身不由己地活着以及非常被动地活着。人最惨的境界就是活得不好。但是，还有一句话：人这一辈子活三条命，分别是性命、生命、使命，一级比一级更高。

每一个人其实都在为自己的性命活着，为什么？首先要活下来。上大学为了什么？为了找工作。找工作干吗？拿工资，拿工资是为了让自己活得更好一点。当然，现在工资高的人活得也不好，在北京都快被雾霾呛死了，活得也不好。但一个人如果只是为了性命而活着，这个人活着就没有太多的意义。

我曾看过一部纪录片《乡村里的中国》，是著名摄影家焦波拍的。他带领了五六个自己的弟子，平均年龄只有21岁。他们在山东的一个村庄里住了将近一年，沿着村里的生活轨迹，拍了一部纪录片，非常感人。所有演员全是老百姓，其实这些老百姓不知道自己在当演员，焦波他们跟踪拍摄了一年以后，从几千个小时的片子里才剪出这么一部非常有故事性的纪录片。你可以在片中看到老百姓的生活、挣扎，我给他做了一个总结，叫"在绝望中的乐观"。

其中最让我感动的一个场景，是一个农民年轻时写过很多东西，也玩乐器，但因为农村生活的困苦没有坚持下去。在片子里，他要学琵琶，他老婆跟他争吵，说都吃不饱了，还要买琵琶。这个男人说，人活着不只是为了吃喝拉撒，还需要有精神上的生活。他有精神上的向往，尽管和吃喝拉撒无关，但是让我感到心里有点不同的东西。

人追求的第二个境界，就是一辈子为生命而活。为生命而活是一个更高的层次。生命意味着什么？生命意味着人生。我们说生命的时候，经常讲尊严和自尊。当人活得像样的时候，不是有钱和有地位，而是感觉到自己能够看得起自己，感觉到周围人能看得起你。看得起你不是因为你有钱，而是因为人本身存在着某种精神，有了不起的气质，能做别人不能做的事情。

第三个境界是什么？是使命。每个人身上或多或少都带有"使命"。说不定结婚以后生完孩子，你就会不自觉地发现作为父母心中的使命感。为什么？你把孩子生出来，你会给予他全部的爱，而且想办法把他抚养长大，让他一步一步发展下去。每一位父母身上都有使命感。我在上大学以后才知道父母原来是这样的。当孩子的成长与你息息相关的时候，你心中就会有一种使命感：我希望我的孩子未来能真正成长为一个有用的人。

人或多或少都有使命感，更大的使命感来自哪里？来自你愿意为自己的家庭、社会、国家甚至全球、全世界做一些真正有意义的事情。我自己就有这样的感觉。我从自己活不下去，到去北大学习，最开始我根本没有想到能去北大读书，从北大毕业以后，我竟然创立了新东方学校。

刚开始所有人都看不起我，慢慢地，等新东方做起来以后，别人的观念开始有了些变化，开始觉得俞敏洪的"生命"又回来了。新东方总部这十几年的公益捐款已经超过了两三个亿，建希望小学，为偏远地区培训老师……使命感一点一点回来了。所以，到了我现在这个境界，不伟大，也没有说故意去做。我更愿意把钱省下来，把钱直接给学生，这样也挺好。

为什么我这样做呢？很简单，我是出身于贫困家庭的孩子。我在18岁之前吃肉的次数都算得出来。杨振宁教授曾经跟我一起吃饭，非常慷慨激昂地给我讲他自己的规划，讲的内容是20年之后中国的教育和世界的教育，希望我给他捐款。我很惊讶，因为90多岁的人往往只往过去看，不往前面看，但是他在讲自己未来20年的规划。我捐不捐款是我的事情，但是我听到他这个年纪还在说20年之后的事情，我觉得很激动，也很兴奋。所以，如果往前看，生命会自然延伸。如果你总是往后看，那你的生命会自然停止，因为你没有未来。

我曾读过一篇散文，名字叫《青春》。文章的大概意思是说，青春实际上跟人的年龄没有关系，跟人的身体健康程度没有关系，跟你是否拥有柔软的膝盖、粉红的容颜没有关系。青春与你的未来是否有力相关。青春的生命在于你总是能够接受新的思想、新的碰撞，并且有新的未来。当你拥有未来的时候，你的青春就会永远存在。

对每一个人来说，我们一辈子有两种选择。

第一是选择过平淡的生活，但不要选择平庸的生活；第二是过真正让自己感觉惊讶但发挥了巨大能量的生活。本来我的选择是第一条，但是后来我转成了第二条。

后来我发现，我从小就在往第二条选择上走，并不是往第一条上走。如果选择了第一条，今天的我可能是一个平凡的农民，种种地，看看书。但我之所以有今天，是因为我觉得人生是有无限可能性的。而这无限的可能性完全是我自己找出来的，跟社会没有关系，跟中国的经济改革没有关系，跟中国的政治体制改革没有关系，跟父母的家庭出身没有关系，跟自己上的什么大学没有关系，跟自己的长相也完全没有关系。有很多没有关系，但是有一点绝对跟自己相关，那就是跟自己是否向正确的方向努力有关系。

这里面有两个要素，首先是要努力，其次是要向正确的方向努力，这个努力是对的，而不是错的。你要去吸毒，这肯定不行。你天天努力去做一件坏事，最后的结果肯定是不行的。所以，向正确的方向努力是前提条件，我后来想了一下，我自己确实也是在努力往正确的方向走。

我第一年高考失败，没有选择回到农村种地，第二年高考失败，也没有选择回到农村种地，坚持考了三年，最后到了北京大学，才一步步走到今天。所以，要坚持努力，并且要坚持向正确的方向努力。因为你考大学永远不会错，因为上大学就会交上新的朋友，增加新的知识，增加智慧，开阔思路，这是正确的努力。

在坚持的过程中，很多时候会出现我们自己意想不到的事情。比如说我从来没有想过能去北京大学读书，直到拿到录取通知书才相信。我从来没有想过我自己能把一整本英文字典的词条背得滚瓜烂熟，但是我用三年的时间实现了。

假如我一辈子在北大当老师，从助教到讲师再到大学教授，我评估了一下，自己可能永远当不了一流教授。因为一流教授在我心目中是梁启超、王国维这样的人，都是大师，至少也是像季羡林这样的人。像我这样的人是完全不可能的。现在中国有很多学者，包括余秋雨、钱文忠等，我如果做教授，连他们的影子都赶不上。因为我知道，变成伟大学者的前提是从小坚实地学习。

我是从16岁以后才开始学英语的，历史、地理这些知识除了中学课本上教的东西，其他的完全不知道。我一直到30岁的时候才真正知道太平天国是怎么一回事，才知道义和团给中国造成了很多非正面的影响，他们在迷信加落后的前提下把中国搞得更乱了。等我想明白很多东西的时候都已经40岁了，所以，我觉得在北大纯粹地当老师这条路不适合我。

我能看到头的时候，我就不愿意去做了。比如我如果在北大做老师，那我能够非常清晰地看到头，就是从讲师到副教授，最后做个教授还可能混成个三级教授，一辈子就可能在三级教授上待着了。我的导师当时是二级教授，当时他住的就是两居室，100多平方米。你会发现，一辈子在北大混，到最后可能也就是他这样子。再加上一辈子当不了一流学者的前提条件，所以我觉得必须出来，去追求一个未知的世界。

当然，追求未知的世界需要你付出更多的努力。可能你挣的钱只够吃饭，也可能你会成功。但是我想说的是，当你进入未知领域的时候，吃饭和成功对你的人生来说都是有很大收获的，永远比你在一个已知的世界中坚持已知的事情会有更大的收获。这里有一个前提条件，吃饭和成功不会让你努力，吃饭和成功只会让生命变得更加坚强。

所以，我才有从北大出来的想法，希望自己能有不一样的世界。当然，做新东方的时候，我并不是想把它做成上市公司，只是想自己赚点钱以后到美国读书。当然，当时没有实现，因为赚不了这么多钱。

当我最后赚了足够多的钱时，我发现我不愿意去美国了。因为新东方的成长和我在中国遇到的挑战让我发现，我个人真的成长得非常迅速。我的社交能力成长了，这在中国非常重要。尤其是看到学生喜欢听我上的课，看到学生通过我的教授能得到满分，能到美国读书的时候，我的生命感、使命感就出来了，这是有生命价值的。

当然，所有东西的美丽在于你并不知道你最终想干成什么样，但你知道你必须往前走。往前走的条件是必须有进步，而不是原地踏步。当你向前走一万步，你越往前走，越有意义，因为你在两边看到了不同的风景和人。当你坚持走到100万步，你就变成了旅行家。所以，一件事做多了，本质就会改变。

生命产生质变需要两个要素：第一是重复，第二是累加。

我曾经写过一篇散文，流传很广。我小时候，父亲是木工，他有一个习惯，就是别人家盖了新房子以后不要的碎瓦，还有不用的木头，他就会捡回来堆在我们家的院子里。堆了一大堆的木头和砖头，我搞不清楚他在干什么。这件事情本身没有意义。但是有一天，他突然在我们家院子里开始挖墙基，然后填土，填砖头，砌墙，砌成了非常漂亮的墙，再把木头架上，就变成了一间非常漂亮的房子。这间非常漂亮的房子一分工钱没花，因为我父亲就是盖房子的。

当你把乱砖碎瓦在心中变成一间房子的时候，生命的质变就有了。

一个人如何才能走向优秀

一个人要走向优秀，我觉得有几个要素是特别重要的。

第一个要素是做人一定要谦卑。我最怕的就是做事狂妄、骄傲、不靠谱的那种人，没有丝毫谦虚精神，总是自以为是。在新东方，高级管理干部中如果有自以为是的人，我会立刻产生不喜欢他的心理。你再有才华，再能干，都不行。除非你是一个独立知识分子，那你可以狂妄。北大那些狂妄的独立知识分子、教授我还挺喜欢的。为什么呢？他们是独立思想者，可以狂妄。但你作为一个管理者，作为一个领导人，不能狂妄。谦虚、谦卑不等于低下，也不等于没有决策能力。

第二个要素是人格高尚。人格要高尚，这我们都知道，但是你要过大家这个坎儿。大家想到你这个人的时候，认为你这个人不具备危险性，这就是一个坎儿。比如大家认为你是背后喜欢琢磨事的、喜欢整人的人，或者是斤斤计较的、自私自利的人，这基本上说明你没过这个坎儿。

第三个要素就是生活可以贫穷，但一定要自强不息。好学精进、志高行远，是新东方的核心价值观。一个人的自强体现在什么地方？体现在对未来生活的一种向往上，而不是体现在具体目的上。因为一个具体目的的达成可能不是自强，自强是一个绝对的褒义词。

比如，你想当新东方的校长，这算不算自强？如果以自己的能力不断完善作为前提，可能算是自强。但是，如果以各种各样不正当的手段为前提，就不是自强。比如我要上北大，依靠弄虚作假，想办法编假分数，就不是自强。自强不一定有一个具体的目的，而是面向未来的时候，希望自己的生命不断变得伟大和充实，这就是自强。所以，自强的人不一定要有具体的目标。

我觉得我在这方面还是做得挺不错的。我从很小的时候就想着自己的生命要不断变得充实，变得有内涵。所以，进北大不是我的志向，做新东方也不是我的志向，但是因为我有那种感觉，就做成了。

我曾跟柳传志聊天，他问我以后还想干什么。我想了一下，我的人生前面有了三个阶段，18年成长，11年在北大求学和工作，做新东方做了25年，这是我到现在为止做的事情。往后是不是还有一件要做的事情呢？有。我这辈子肯定是离不开新东方了，但是我可以只做新东方的灵魂人物，新东方精神层面的人物。

我觉得我的生命现在有第四个阶段，是读书以及周游列国的阶段。

其实，我一直希望我的生命还有另外一个阶段，但是估计我这辈子达不到了，就是像弘一法师一样把一辈子当两辈子来过。弘一法师前半辈子在滚滚红尘之中，后半辈子超越于红尘之上。但是估计我做不到，因为我是个好色、好食、好酒之徒，如果让我远离这些，我的生命也没有意义了。

周游列国，写写游记、读读书是可以的，我也不希望自己能达到弘一法师那样的状态，我觉得他是千年一出的圣人，跟我们这种普通老百姓没有关系。但是，如果现在让我在新东方做一些事务性的工作，最后就死在上面，我会觉得这辈子过得挺遗憾的。为什么呢？因为劳累了一辈子。尽管有些生活感悟，但是没有一段让自己的生命更加宽阔的时间。行走世界这样的事情，我觉得也是一种自强。

生活贫穷与否不重要，我认识的很多知识分子生活过得很清贫，就是住一居室或两居室，还有住北大筒子楼的。我觉得他们也过着很好的生活，因为他们的思想丰富，不在乎现实生活的缺欠。

第四个要素是自我实现，同时千万不要忘记他人。这里包含两个概念：一是需要自我实现，二是自我实现需要自我奋斗。自我实现一定有一个前提条件，比如从考北大到现在做新东方，我一直在自我实现，但是这个自我实现是和别人一起完成的。新东方一直都是我自我实现的体现。

我在麦克斯韦尔的《领导力21法则》中看到过一句话：当你想把人按下去的时候，你自己一定要弯腰；当你把人托上去的时候，你一定会把自己变得更高。所以，领导学唯一的原则是怎样把人托得更高，自己也同时变得更高，而不是想办法把别人按下去。

在生命和工作中，任何消极的思考都会给你带来很大的杀伤力，通常是杀人一万，自损八千，甚至最后可能自损一万二。消极的东西每天都有：太热了，怨太阳；太冷了，怨风。这还是小事情。工作出了问题先找下属承担责任，感情出了问题先想对方错在什么地方，这全是消极因素。我是比较相信积极心理学的。当一个人的人生心态积极向上时，聚集在他周围的全是积极的人，他做起事来必然会容易得多。

为什么说自我实现不要忘记他人呢？当你忘记他人的时候，自我实现有可能是以他人的利益损害为前提的，这一点特别重要。就是说，你自我实现的时候，要把别人一起带过来。所以到现在为止，我觉得我做的最令我骄傲的一件事情就是把新东方的一批人带起来了。

即使变成新东方对手的人，我也认为新东方并没有忘记这些人。更何况出去的一批新东方的元老，现在都在做投资，做自己的事业。并不是每个人都需要去创业，我们可以在同一个团队中一起把这件事做大；并不是每个人都要做鸡头，我们很多人可以变成大象的一部分，最后走向世界。

达到这样的状态，我觉得新东方做得挺好。其实，从起来的时候，我们一直在共同前进。我要是从一开始就想踩着别人往前走的话，新东方现在肯定还是我一个人在干，我还是一个小小的个体户。总之，当你做一件事情时，要时时刻刻想着别人在哪里。

生命中虽然有困难，但绝对不要轻言放弃。坚忍不拔是任何一个成功的人必须具备的素质。很多人都认为到了一定阶段，生命就没有困难了。但我发现一个人的一辈子是苦难、困难、挫折绵延不绝且不断增加的过程，而不是不断减少的过程。你做的事情越多，这些东西就越多。几乎没有生命中没有困苦的人。即便有，这些人的生命也不值一提，叫生命不可承受之轻。

人生最大的幸福是什么？是拥有成就感、荣誉感和幸福感。所以，如果一个人没有幸福感，他的生命就不值一提。有能力把自己从生命的痛苦中拎出来很重要，我们这样的人是有这样的能力的。在生命中遇到困难、困苦时，我们要能通过自己的心态、努力、阳光把自己拎出来。很多人自己拎不出来，最后就精神失常了。

　　我们不要想去排除生命中的困难，就算你再有智慧，也不可能。我觉得自己算是一个有点智慧的人，混到今天这个份儿上，绝对是一步一个陷阱，一步一个坑。到我这个份儿上，还常常躺着就会中枪。

Chapter 4

奋斗
——你要去相信,
奋斗可以改变人生

愿 你 的 青 春 不 负 梦 想

人生的起点不重要，人生的终点靠自己

　　从小在贫困中成长、在逆境中奋发有为的孩子，可能成为中国未来的栋梁。小时候，家境贫困，吃些苦没什么，只要能奋发图强，这些苦就不但不是人生的负担，反而会成为未来的财富。

　　每个人生命的起点不一样，这是每个人无法选择的，但人生怎么过，人生的终点在哪儿，却要靠每个人自己去走。这就像跑马拉松，开始领先或落后50米根本不重要。人生是一场要跑一辈子的马拉松，每个人生命的起点是怎样的并不重要，重要的是努力坚持跑下去。

　　我小时候家里贫困，上大学时基本是班上最穷的，穿打补丁的衣服。大学毕业六七年后，我依然是班上同学中最贫困的。但这些都没什么，我一直在努力，现在我无疑在班上所有同学中算是成功的。我起点虽然落后，但我一直在坚持，所以我跑到了前面。

人要活得大气，活得善良，活得快乐

除了学习好，我们还一定要养成良好的性格，要活得大气，活得善良，活得快乐。

人与人之间总会有摩擦，但人要活得大气。大气就是不计较生活中的小事，不为小事烦恼。如果你弄一个发型，到我面前，我说不好，你就不高兴了半天，明天你又弄了一个新发型，到我面前，我说更丑了，你一个月都不开心，这就是小气。这样很没意思，你自己的很多精力和智慧就被自己的小气耗掉了，这样的人一辈子也不会有出息。

我们一定要善良，善良是一件非常好的事情，它能让你以极低的成本取得人生的成功。我们要用自己的善良换取世界对我们的帮助。你试着对十个人笑，一定会有八个人用笑回报你，你一个人的笑换来了八个人的笑，这是多么划算的事。我做新东方能取得成功，很大程度上是因为我这个人大气，努力地对别人好。别人伤害我，我不计较；别人帮助我，我一定要报答。

我们还要努力快乐，心情不快乐，一定学习不好，压抑使人无法专心去做事情。人快乐，脑细胞就会活跃，学习效果自然会好。有些家庭有种种不幸福，如果你自己也不幸福，那只会使家庭更加不幸福；如果你快乐幸福起来，就可以使家庭多些幸福和快乐。

学习上要精深胜于博大

可以提高学习成绩的方法很多，但有一种方法特别重要，那就是"精深胜于博大"，也就是学习中要善于反复钻研，反复练习，把一点学透，把一本书读透。

共同进步，建立友谊

同学之间要多交流学习方法，不要藏着。不交流，每个人都只有自己那点东西；多交流，就可以拥有更多的东西，还会拥有美好的友谊。将来，很多人就都能考上名牌大学，多年以后都能取得人生初步的成功。那个时候再收这张友谊的大网，我们就会有非常好的社会资源，人生就会取得大成功。

你现在的学习成绩怎样不是很重要，关键看你能不能坚持，是不是有坚忍不拔的意志。我小学、中学的学习成绩很少进过前20名，但我认真学习，我喜欢学习，从没放弃学习。我连续两年考大学，都没有考取，但我没有放弃，最终考取了我心目中理想的大学。大学时，我是以全班倒数第五名的成绩毕业的，但我没有放弃，我一直在坚持学习，我坚信自己只要坚持，就一定能成功。

人生的信念最重要，一个人能在生活的种种磨难中始终不倒，靠的就是信念。我们要有什么样的信念？我送给所有人八个字：相信未来，热爱生命。要相信自己，相信只要不断努力，未来就一定会比今天更好。

我和马云之间就差了八个字

　　我之所以能达到现在这样相对比较满意的状态，是因为我参加了一次又一次高考，在第三年的时候，终于考上了。当我走进北大后，我连续几年充满了自卑，因为我总感觉自己这也不行，那也不行，讲普通话不会讲，文艺、体育才能也不行。

　　为了避免失败，我干脆什么也不干。所以，我在大学的时候，丢了整整五年的美好时光。现在我才明白，什么都不敢干才是最大的失败。

　　由于内心郁闷，到大三的时候，我还得了肺结核，被关到医院整整一年。我跟医生讨论，我为什么会得肺结核呢？医生让我讲讲我的情况。我说我上课特别刻苦，医生说差不多得了，不能太刻苦。我说我的成绩上不去，医生说我是郁闷的。我说没有一个女孩子喜欢我，医生说这才是我得病的真正原因。整整五年，大学就这样度过了，现在回想起我的大学生活，除了读了几本书，交了几个朋友，其他的生活几乎一片空白。

提到马云，我真的非常佩服他。我们有相似的高考经历，我高考考了三年，考上了大学；他也是考了三年，也是第一年、第二年接连失败，第三年才考上的。我比他要幸运一点，我考上的是北京大学本科，他考上的是杭州师范学院专科。但是，今天马云的阿里巴巴去年（2014年）到美国纽交所去上市了，市值是2000亿美元。新东方比阿里巴巴早走了一步，在2006年的时候就到美国去上市了，新东方的市值迄今才40亿美元。当然，不要小看40亿美元，做一家市值40亿美元的公司也是不容易的。

有时候我在想，我跟马云的差距在什么地方呢？后来我发现，我跟他的差距就在"越败越战、愈挫愈勇"这八个字上。马云就是一个典型的越败越战、愈挫愈勇的人，他这种精神几乎是天生的，而我到了30岁之后才有了这样一点精神，是从周围的朋友身上学来的。

所以，现在我相当后悔我做新东方一次就成功了，我就一直在新东方。也许在做新东方的过程中，我失去了很多别的机会，但是马云抓住了，因为阿里巴巴是他做的第五家公司，前面四家公司让他积累了经验。

马云大学毕业后，当了大学老师，也跟我一模一样，出来开了一个外语培训班。新东方第一个外语培训班招生人数13人，3年以后，新东方同期学生到了3000人，一举成功。马云第一个培训班招了20人，3年以后的培训班好像还是20人。马云又做了一家翻译社，紧接着做了中国黄页，就是把中国公司的地址、名称、产品介绍翻译成英文介绍给老外。后来马云跑到北京跟另外一家公司开了一家合资公司，还是没有成功。如果换作你，你接连做四家公司都失败了，你会怎么想自己？你会想老子天生不是干这件事的料，天生是给别人打工的料，再也不开公司了。

但马云想的是，他前面失败，是为了奠定他未来做世界大公司的基础。所以阿里巴巴招人的时候，说他们前面的公司失败了，就是为今后做一家世界级的大公司积累经验。

在绝望时，善于修炼自己并安心等待

台湾诚品书店创始人吴清友先生曾经讲过他得了一场病，这件事让我深有感悟。我上大学时也得病了，得的是肺结核，当时我才20多岁。20多岁的年轻人得肺结核，意味着他所有的爱情和感情故事必须全部终结，因为没有一个女孩子会找一个得肺结核的男人。

这件事也让我学会了一个本领，就是在绝望的时候修炼自己，并且安心等待。所谓绝望，不是没有钱，不是贫困，有的时候就是人生的一个困境，而这个困境不管是有权还是有钱的人都会有，否则就不会有政府官员跳楼，也不会有企业家自杀，因为政府官员和企业家都是有权、有钱的人。

人生困境无处不在，而且有的时候因为自己犯的某一个小错误，还会把你的人生带入某种绝境，在这个时候，修炼自己、安心等待非常重要。所以，我非常庆幸自己得肺结核的那一年，住在医院差不多365天，居然读了300本书，尽管当时是因为无聊，没有想到读这些书对我有什么用处，但是养成了我读书、独立思考，并且从书中寻找自己世界的习惯或者爱好。吴清友先生的诚品书店，我每次去台湾都会去，特别感动。

什么叫安心等待？我发现很多事情想当场解决是没有用的，有的时候时间会帮你解决，比如我们常常讲的感情的伤痛时间会解决，某种困境时间也会解决。但是光靠时间解决是不够的，还要有主动积极的心态。

我曾在朋友圈里发了一篇小文章，讲了一个小故事。我的司机没事干，到野河里钓了一堆鲫鱼，都不大，跟我说要做鲫鱼汤喝，我看每条鱼都活蹦乱跳的，就说留下两条，放在我的鱼缸里。那两条鱼本来应该把它们杀掉，后来想春天的时候不应该杀鱼，尤其不应该杀鲫鱼，因为春天的时候，鲫鱼肚子里都是鱼子。于是我把它们养在了鱼缸里，等我下班以后，发现这两条鱼自己跳出来了，在地上已经干死了。

当然，后来我下了正面结论，这两条鱼是为了寻求自己的自由。实际上我在想这两条鱼如果稍微有点耐心，可能就在鱼缸里活下来了，并且某一天我一发善心，就会把它们放回大河里。

当我们遇到困境的时候，就像鱼在玻璃缸里根本看不到出路的时候，人最大的能力就是安心等待。如果霍金在只能动一根手指头时对生命感到绝望，世界上就没有霍金了，也没有那么多写宇宙的书了。尽管我的修炼没到家，但是现在真的有了一点感觉。当我遇到任何困境、绝境的时候，会让自己尽可能心平气和下来，让自己学会修炼，学会等待。

在遇到困境和绝境的时候，不能停止生命的运作，必须知道在方寸之间，依然可以增加自己生命的厚度和生命的强度。可以读书，可以锻炼某种技能，只要你觉得修炼的方向是正确的，你的生命就一定是不断形成能量的过程，这个能量早晚有一天会爆发出来。我的一个朋友由于某种政治问题在监狱里待了四年，在这四年中，他把英汉字典全部背出来，出来以后写了好几本有关英文学习的书籍。刚进去的时候，他的英语水平最多是高一的水平，后来他修炼到了很高的水平。

我曾经读过屠格涅夫写的一部小说。一个穷人跟一个有钱人打赌，这个穷人如果在一所房子里待十年不出来，富人就把所有的财富给这个穷人，他料定这个穷人是做不到的。结果穷人在里面是怎么待的呢？认字，读各种武侠小说之类的书籍，然后读世界名著、历史书籍、宗教书籍，之后练琴、画画，最后什么都不做，静坐。时间就这样过去了。

十年结束的时候，富人突然发现，如果今天晚上过去了，十年就到了，自己所有的财富都会给这个人。富人耐不住，拿了一把刀到穷人房间里想把他干掉，进去之后发现这个人已经离开了，留了一张字条，上面说："我已经修炼悟到了，知道你今天晚上会来，感谢你让我从一个愚昧者变成了一个对这个世界了然于心的智者。"就算十年不能出来还是可以修炼的，以家庭矛盾、工作压力、商业压力为烦恼，就不修炼了，不精进了，这是对自己进行否定。

人的生命就像水一样，关键时刻要凝聚力量。长江三峡是被水冲出来的，黄河九曲十八弯，是为了绕开障碍，但是目标依然没变，奔向东方。水凝聚到一起就会成为美丽的瀑布，但是堤岸被冲垮了，水就会泛滥，变成灾难。每个人的能量都应该变成有目标的水，而不应该变成泛滥的水，让它给自己或者周围的人造成灾难。

人有得有失，得失之间，有的人本事毕现，有的人失去以后就会变成特别小家子气的人。胸怀就是在得失之间看出来的，一个人老是得到的时候是不需要胸怀的，只有失去的时候才会体现出胸怀来。

新东方的人曾经跟我讨论问题，说现在新东方这么多老师、这么多管理者在创业时代都出去创业，你心里怎么想的？你对他们那么好，他们出去创业，甚至有些人做的是跟新东方差不多的行业，甚至有的人为了抬高自己而贬低你。

我说，在大海的胸怀里，没有污染的河流，大海在补充能量的同时，已经把污染净化了。做人做到这种状态的时候，应该是能把团队或者把事业做得更好的时候了。

人生需要有一点冒险精神

伟大的思想家和科学家一定具有超过常人的冒险精神,他们敢于进入前人从未进入过的新领域,敢于与世俗的偏见和谬误做斗争,甚至不惜牺牲自己的生命。

首先,我们要给"冒险精神"下一个定义。冒险并不是随便进入危险的境地,自惹麻烦,自讨苦吃。冒险是在为生命设立目标之后,想方设法、不畏艰险地达到该目标的过程。具备冒险精神的人绝不是头脑简单的鲁莽之人,而是对自己的行为及行为后果深思熟虑并能承担责任的人。他们通常有着知其不可为而为之的勇气,有着向往新生活和新领域的热情,他们的理想和眼界一直延伸到地平线之外,他们的头脑思索着别人甚至整个人类还没有达到的新境界。

一个人是否真正具有冒险精神,首先要看他的冒险是不是有崇高目标。目标越崇高,冒险精神越伟大,成果也往往越显著。张骞出使西域,目标是拓展国家的疆域，并且通过外交手段使国家边疆安宁。他出生入死几十年，翻山越岭，穿沙漠过戈壁，为汉朝的繁荣和稳定做出了杰出的贡献。玄奘为取得真经，历经千难万险，身陷沙漠九死一生，遭遇打劫面不改色，发誓决不走一步回头路，全凭内心深处不变的信仰，终于在十七载风霜雨雪之后，从印度带回了万卷经书，为佛教在中国的发展奠定了坚实的基础。他们两人在中国被千古传颂，并不是因为他们在苍凉的沙漠中走过一回，而是因为他们胸怀大志、不畏艰险，终于成就了伟业。

冒险精神是对未知领域的不知疲倦的探索。人类总是在不断地挑战自己的极限，所以我们征服了珠穆朗玛峰，飞越了黄河和长城，上北极，下南极，在每一届奥运会上都刷新前人的纪录，其实这些都是人类冒险精神的体现。

除了这些能让我们心灵震颤的冒险之外，人类最伟大的突破还在于对知识和认知范围的不断突破，判断力和理解力的不断提升。所以，伟大的思想家和科学家一定具有超过常人的冒险精神，他们敢于进入前人从未进入过的新领域，敢于与世俗的偏见和谬误进行斗争，甚至不惜牺牲自己的生命。布鲁诺为了坚持真理，被活活烧死；苏格拉底为了坚持公正，坦然饮下毒酒。

因此，冒险并不一定要翻山越岭、上天入地，人类在科学和思想领域表现出来的冒险精神是一切进步的基础。第一个踏上月球的航天员阿姆斯特朗固然伟大，但更伟大的是把他送上月球的无数具有冒险精神的科学家。

冒险精神也在于人类对新的生活方式的勇敢探索。当一个人陷于枯燥、平庸的生活而不能自拔时，他就失去了创造能力和应对外界各种危机的能力，就会逐渐变成活的躯体死的灵魂。人需要外界不断的刺激和挑战来使自己变得更有活力，聪明人会主动寻找这些刺激和挑战，使自己的生活更完整，心灵更丰富。

在一趟摆脱世俗杂务的冒险旅游之后，我们常常能以百倍的精力和勇气投入新生活；在一段脱胎换骨的艰苦创业之后，我们常常能以更多的坚忍和耐力来克服困难。快乐生活的奥秘之一是经常想办法激活我们的生活。

我们应该经常反省，问问自己目前的生活值不值得过，如果不值得过，应该如何改变自己的生活方式，如何寻找新的生活增长点和兴奋点。任何对新生活的向往和追求都需要极大的勇气和胆量，但一个人如果能把挑战自己和挑战极限变成一种习惯，那正是他成功生活的开始。

传统的观点认为中华民族是缺乏冒险精神的民族，这是一种偏见，因为一个缺乏冒险精神的民族，是既不能突破也不能接纳的民族。自从20世纪80年代以来，改革开放激励中国人民大胆尝试新的生活，也激发了中国人前所未有的热情和想象力，它给中国带来了活力。

自张骞、玄奘以来，世界又一次目睹了中国人民为改善生活而付出的不屈不挠的努力，为实现理想而进行的百折不挠的奋斗。一旦一个民族的创造力被激发出来，它离成为世界上最有活力的民族的日子也就不远了。

能掌管命运的是你自己

　　人的区别不在于家庭、身份的区别，不在于长相的区别，不在于上什么大学的区别。马云上了大学以后，曾经有一段时间非常郁闷，感觉自己连续考了三年，竟然只考进了杭州师范学院的专科。但是，他后来想明白了，人哪怕站在最低的起点，也可以让自己的生命飞扬起来。

　　永远不需要跟别人相比，你永远是你自己，你是独特的存在，你是不同的，你是完全独立的个体。这个世界上，能掌管你的命运的，就是你自己。没有任何人能把你从泥泞中拉起来，只有你自己可以从泥泞中爬起来；没有任何人能阻挡你前进的脚步，只要你愿意往前走。你被自己的理想和梦想指引着走向未来。在这个世界上，你不是追随者，尽管这个世界上90%的人以追随结束一生。请记住，你是来引领这个世界的。

　　你是树的种子，就必然长成大树；你是莲子，就必然开成莲花。所以我说，哪怕你被踩到泥土中，只要你是树的种子，早晚会长出来；哪怕掉到淤泥中，只要你是莲子，就能长出美丽清秀的莲花，并且向蓝天开放。你的生命最重要的目的就是让自己开花，让自己成长。

下面这段话，也许可以说明狗与狼的区别，但是更加能说明主动的人与被动的人的区别，有灵魂的人和没有灵魂的人的区别。有一天，狗问狼："你有房子、车子吗？"狼说没有。狗又问："你有一日三餐和水果吗？"狼说没有。狗继续问："那有人哄你玩，带你逛街吗？"狼说没有。狗鄙视地说："你真无能，怎么什么都没有？"狼笑了，说道："我有不吃屎的个性，我有追逐的目标，我有你没有的自由，我是一匹孤寂的狼，而你是一条自以为是的狗。"

所以，我要跟女同学说，谈恋爱的时候，不要向男人要车子和房子，因为你要这些，就是鼓励你的男人成为一条狗。你应该鼓励你的男人追逐自己的个性和性格，让他变成幸福的狼，带着你的孩子一起继续奔跑在有个性、有自由的人生道路上。其实，我们很多人不知不觉已经把自己变成了一条在追求幸福的狗，而不是一匹在追求自由的孤寂的狼。

我们时刻不能忘记照耀在我们头顶的那束光，不能忘记夜空里在远方闪烁的星光，因为那就是我们的理想，那就是我们的生命能够从泥坑中拔出来的那点希望，不要轻易让生命迷茫。

任何起点，都可以创造辉煌。人生不需要有贪欲，但是人生要有不满足，只要不满足现状，即使失败也会寻找出路。

当人生之路走不通时，别傻等

有年轻人觉得我的创业故事很激励人心，但是自己在创业过程中遇到困难，外界又存在很多质疑，让自己感觉不得不放弃，问我该怎么办。

我觉得，现实中的无奈是我们无法回避的，有些东西可以放弃，有些东西不能放弃。比如对一份暂时的工作去抢或者争，比如自己家庭贫困，没有良好的生活状态，却偏偏要跟别人去比较的心态，这些都是要放弃的。但是，不管外界有多少无奈，有些东西是不能放弃的，比如理想不能放弃，前进的道路不能放弃，坚持成长的渴望不能放弃。当你坚持了一辈子再回头看，希望自己有所成就的想法无论如何是不能放弃的。

当然，暂时没有办法是可以接受的，因为人总会有碰到墙的时候。爬山的时候会碰到悬崖峭壁，不能说碰到悬崖峭壁就不爬了，否则就绝对没有人登上珠穆朗玛峰了。人生碰到墙或者悬崖峭壁，可以下行，可以左行、右行，绕着走，但是不能不走，不能在墙那里待一辈子，那样的结果将是一辈子永远到达不了任何地方。

　　有时候下行也是为了前行。我常常参加一些爬山活动，爬着爬着前面挡住了，有的时候往左走也不通，往右走也不通，只能往下走，重新回到山脚选另外一条路，再爬到山头上去。现实中有各种各样的无奈，有时候需要你绕行，需要你等待，有时候需要你暂时放弃，但是不等于终生放弃。我自己的人生选择也是一样的道理。20世纪八九十年代，我想出国读书，没有钱，因此只能暂时放弃。现在我可以登上全世界很多著名大学的演讲台，不是当学生，而是去演讲，这是另类突破。现在互联网讲另类突破和颠覆，人生也是这样，坚持往一条死胡同里走，走不通了还在里面待着，那就是笨、傻。

　　坚持的精神是要有的，但灵活的战术也是人生取胜最大的法宝。其实人生最短的距离不是直行，有时候需要拐弯，就像一条河流，它最美丽的形状绝对不是直着流淌。在阳光下看到一条河最美丽的景色，是九曲十八弯，但它仍坚持逶迤前行。

如何度过有意义的人生

其实，人活着就挺好的，至于生命有没有意义另当别论。只要活着，每天都会看到太阳升起来，每天都会看到太阳落下去。你可以看到朝霞，看到晚霞，看到月亮升起和落下，看到满天的繁星，这就是活着最美好的意义所在。

很多时候我们会发现，生命中非常重要的东西跟我们未来的幸福和成功其实没有太多的联系。比如，有人认为，相貌跟未来的成功会有很多联系；有人认为，自己的家庭背景会跟成功有必然的联系；有人认为，上名牌大学的人会成功，在大学里成绩好的人比成绩差的人更加容易取得成功……所有这些因素可能有一部分是对的，但大部分基本无效，比如说相貌。

如果说一个人的相貌和成功有关，那就不会有马云和阿里巴巴。

当然，这并不意味着相貌好看的人就做不成事情，比如另外一位大家比较熟悉的公司老总李彦宏。李彦宏非常英俊潇洒，他所有的照片看上去就像电影明星，但是他也取得了成功。像我这样相貌没有什么特点的人也能取得成功。所以，不管相貌如何，都能取得成功。只不过李彦宏和马云坐在一起吃饭的时候，他们通常不太愿意坐在相邻的椅子上，因为两个人的对比非常鲜明，解决的方法就是把我放到他们两个中间，起到一个过渡的作用。

不管是男是女，最重要的是自己内心世界的丰富，对自己风度和气质的培养，自己胸怀的扩展以及对理想、目标坚定不移的追求。随着年龄的增长，这些会慢慢变成你的智慧，所有这一切才是构成成功的真正本质。

成功和家庭背景有没有关系呢？我们常常可以看到一些权贵富贾出身的人，他们一出生就含着金钥匙。比如，自己左边的同学穿着名牌服装，右边的同学拎着名牌皮包，前面的同学是高官的女儿，后面的同学是大官的儿子，而你可能只是一个来自普通工人家庭的大学生。

有时候你会心存不满，但这个世界本来就充满着不公平，而很多不公平常常就在你眼前闪现。

比如，在大学一年级时，我们班上部长的孩子每周五都有开着奔驰280的司机把他接回去。我们那个时候连自行车都买不起，他居然坐着奔驰280。对我们来说，那是一种什么样的感觉？感到自己这辈子基本上就完蛋了。但是，大学生要记住一个真理，生命总是往前走的，我们要走一辈子。我们不是只走过大学四年或研究生三年，我们要走一辈子，可能走到八九十岁。虽然走到八九十岁时，人生到底怎么样我们并不知道，但我们唯一能做的就是坚持走下去。

所以，我非常骄傲地从农村走到北大，最后又走到了今天。我的心态很平衡，但其实我走了很远。当然，有的同学会说，你进了北大就已经很成功了。确实，北大增加了我很多成功的因素。比如，因为北大读书气氛很浓厚，所以我读了很多书，思维变得很敏锐。

北大确实有人文的环境，蔡元培的铜像就立在未名湖边，但是每年进北大的有好几千人，出北大的也有几千人，能够成功的到底有多少呢？事实上，北大学生成功的概率并不比其他学校的大学生成功的概率高。

所有的成功意味着你大学毕业后要进一步付出努力，如果上一所好大学就意味着成功的话，那么就没有马云的今天了。所以，未来的成功和上什么大学没有什么联系，只不过以后出国、就业更加容易一点。人一辈子能不能走出精彩，大学为你奠定了基础，但不能决定你的一生。到大学毕业，人生也只过了大约四分之一，接下来的时间我们该怎么过？首先是一定要坚持走下去，因为你不活了就什么都没有了。

不管你相信不相信来世，我始终相信今生今世就是我们最好的天堂。所以，我最讨厌自杀或者以自杀为威胁，我觉得这是不尊重生命。有种理念，叫"好死不如赖活着"。从我40多年的人生经验来体会，你在那里坐久了，说不定天上真的会掉下馅饼来，当然也可能掉下块陨石。但不管怎样，不要自我了断，生命中会有很多奇迹发生。假如杨振宁教授不活到82岁，他怎么知道还能结第二次婚呢？

但是，人生总要有一份期待，哪怕是没有希望的期待。中国历史上有很多人物，比如姜太公在河边钓鱼，到了80岁那一年，周文王从他旁边经过，发现这个老头用直的鱼竿钓鱼，大为惊奇，跟他一聊，发现这个老头很有智慧，所以把他带回去辅佐自己，两人一起打下了周朝的天下。

齐白石先生50岁的时候还在做木工,根本不是个伟大的画家,他所有伟大的作品都是在80岁到90岁的时候完成的。所以,生命总有这样的现象,有的人在年轻的时候有作为,有的人在中年的时候有作为,有的人在老年的时候有作为。花总是在不同的季节开放,如果所有的鲜花都在春天开放完毕了,到了夏天、秋天、冬天,没有任何花开放,你还会觉得这个自然界是如此美丽动人吗?

所以,如果人生所有的精彩都在大学里过完了,后面永远都是平淡的,你觉得这样的人生会完美吗?换句话说,你大学里过得不那么精彩,毕业后却变得越来越精彩,这样是不是更好呢?事实证明,很多人在大学里的成绩总是名列前茅,可是大学毕业后怎么也做不出什么事情来。因为在社会上,并不是成绩在起作用。成绩只能证明你智商比别人高,但并不能决定你一辈子一定有出息。

想取得成功,最重要的是要有与社会打交道的能力、为人处世的能力,还有在各种混乱的人际关系中寻找机会的能力,以及你最后领导一帮人跟你一起创事业的能力。而所有这一切都不是由你的成绩决定的。

当然,我并不是说在大学不用好好学,拿到大学毕业证书,这是必然的。因为在未来,我们会发现这样一个现象,假如连大学本科文凭都拿不到的话,你的生命将充满艰难。

现在读过大学的人很多,有人说现在上大学没什么意思,因为找不到工作。确实,迄今为止,应届毕业生找到工作的比例不高,但我相信这只是一个临时现象,因为中国的产业结构还没有调整过来。从历史来看,中国大学生远远不多,因为中国正在从制造业转向咨询、信息、物流、服务等与世界沟通交流的行业,也就意味着所有大学生都具备这样的工作能力，必然能找到工作。

有一次，有个大学生告诉我："俞老师，我要创业，不上大学了。"我问为什么，他说他要向比尔·盖茨学习。我说："世界上有几个比尔·盖茨？不就一个嘛。"他说没关系，他可以成为第二个。我说："那你为什么不上大学呢？"他说他考试不及格，上不下去了。这还是没法跟比尔·盖茨比的，人家是觉得自己的知识已经远远超过了老师，觉得上大学是浪费时间，要把自己的创造力及时地发挥出来，所以钻到自己的汽车库里研究微软去了。这是两种完全不一样的概念。

当然，我强调的是，你学习成绩好并不一定今后就做得好。有一份统计数据，将大学成绩前10名和后10名的同学做过一个调研，以20年为一个阶段来说，大学最后10名的同学的财富总量以及获得的社会地位居然比前10名的同学还要高。这就意味着，即便在大学里最落后的同学也不要放弃自己。比如，我在北大努力了5年，以全班倒数第5名的成绩毕业，但现在我们班的第1名到第5名全在新东方。所以，我们永远都不要放弃自己。

最精彩的人生是到老年的时候能写出一部回忆录来，自己会因曾经经历过的生命而感动，会感动别人继续为生命的精彩而奋斗，这时候我才能说我的生命很充实。

相信奋斗的力量

我始终相信，任何一个人想要改变自己的人生，想要改变自己的命运，最佳的法宝或者说高效的力量就是去奋斗。

我们每一个人出身都不一样，曾经年轻的时候，抱怨自己生长在一个贫困家庭；曾经年轻的时候，抱怨过自己的父母，什么也不能给我。当我混遍北大整整七年，没有一个女生爱上我的时候，我发现我的很多同学都已经谈了好几次恋爱。有的同学已经娶了美丽的女人，建立了美好的家庭。当我发现至少每个同学都拥有一个健康的身体时，我在大三那一年得了肺结核。

我发现好像所有的生活黑暗和不如意都集中在我一个人身上，幸亏在这样的过程中，我始终没有放弃自己身上唯一的力量，就是我觉得只要努力，只要奋斗，只要给我足够的时间，我应该就能改变自己的命运，我应该就能让自己的生活变得更好。这种感觉来自什么地方呢？来自我从小在农村的那种生活，来自高考对我的启示。

我14岁初中毕业，紧接着，命运就对我做出了宣判。当时中国有一个政策，叫贫下中农子女，一家只能有一个上高中，我姐姐上了高中，因此就轮不到我。所以，其实我在14岁的时候就认认真真地当过一回农民。在那个时候，我就料定了自己这辈子大概只能在农村待着了。但是，老天给了我一个非常好的机会，这个机会就是粉碎"四人帮"以后，教育政策立刻就改变了。

我的初中老师想起了我，说俞敏洪是一个一直喜欢读书的人，我们是不是可以破例把他重新放到高中来。我妈听说这件事情以后非常兴奋，就找公社大队的领导和学校的校长不断地说，说我儿子就是可以来的，所以我这辈子最感激的就是我妈。

这就是我的第一次机会，不是我奋斗来的，是党和国家给我的。高中毕业的时候，其实整个班全是农民的孩子，因为我们中学就是农村中学，几乎没有一个人有信心说能考上大学，但是这个时候，我碰上了一个好老师。

这个老师现在还在南京，已经80岁了，他在我们复读高二的时候对我们说了一句话。他说他知道我们在座的小子没有一个能考上大学的，我们以后一定都是农民，但是他依然要求我们每一个人都去考大学，因为当我们以后回到农村，在田头劳动的时候，当我们扛着锄头仰望蓝天，叹息自己命运悲哀的时候，我们会想起来，我们曾经为了改变自己的命运而奋斗过一次。

这句话，我到今天还记得。我决心一定要考上大学，并为此付出了巨大的努力，连考三年，最终意外地考上了北大。

其实，"北京大学"这四个字在我脑海中连闪都没闪过。这个例子给了大学生另一个启示——人是要有梦想的。但是，即使你梦想再大，不去努力也是不管用的，就像你爬山时，就算你不看那个山头，你只要知道自己在向上爬，只要你爬的路是对的，你到达山头只是一个时间问题。所以，回想我自己的生命，我觉得往往是生活中的一些失败，最后促使我反弹起来，又够着了一个新的目标。

后来，我想出国留学，因为没有钱而申请签证失败，所以我就开培训班，这才有了新东方。

新东方完全不是我理想的产物。有人说："俞老师，你做新东方，是不是想到了要为中国教育做贡献？"其实，我想到的就是我要钱。但是，今天的我倒真的实实在在想为中国的培训事业和中国的教育做点事情。因为有了这样的实力，有了这样的力量，有了这样的基础，自然就会做，所以我们不用去想太多。

很多你没有想到的事情可能会做到，为什么会做到呢？就是因为你在不断地改变自己。我们永远不可能只是坐着，天上就掉下馅饼来，永远不可能！这个世界上有偶然的运气，有必然的运气，如果你把偶然的运气当作必然的运气，你的生命就会越来越差。但是，一个人可以追求必然的运气。什么叫必然的运气？必然的运气就是通过自己的努力，踏踏实实地使自己达到某一个状态，达到某一个境界，达到某一个身价，用这个状态，用这个境界，用这个身价去换取你需要的东西。

25年前的我在北大拿60块钱的工资，这就是我的身价。15年前的我在新东方能挣的钱也就是勉强能养活自己,但是今天的我已经算是中国在美国比较好的上市公司的老总之一,这是我自己通过努力得来的,所以就不太容易被人剥夺,所以我心安理得。

所以,我更加相信努力的力量。为我自己的后半辈子,我还会去持续不断地努力,这就是一个正向的、积极心态的循环。

现在有些年轻人虚荣心特别强,常常觉得很痛苦。他们关注的不是自己的生活状态,而是跟周边人比较以后,自己能不能胜过周边人。好面子变成了一个人奋斗的动力,而不是真正地追求幸福。现在很多年轻人都贷款买房买车,然后变成了房奴和车奴,生活就被毁掉了,因为在年纪轻轻的时候就背上了负担,有了一份工作就不敢扔了。被绑定在一份工作上当然很好,表面上你很专注,但是另外一个问题就是,你失去了一切让自己的生命可以在其他方向腾飞的机会。

我当初之所以敢从北大出来,并自信地从北大出来,原因很简单——我没房没车。当时北大给我安排的宿舍就是十平方米的宿舍,我想这十平方米的宿舍不住也罢。所以,出去以后,天地都在我身边,不怕失去。一个人要不怕失去,因为你怕失去,就什么东西都不可能得到。你想谈恋爱,就可能会失恋;你想找工作,就可能会失业;你要想高兴,就可能会失落;你想创业,就可能会失败。所以,失去可能比得到更加重要。

至于家庭背景,我在大学演讲的时候会遇到很多学生来跟我讨论问题。有同学说:"俞老师,你看我的同学,他们拥有无数的社会资源,现在社会资源越来越集中,像我们这样穷人家来的孩子已经争取不到这个机会了,这个世界这么不公平,我们这些人该怎么办?"

这个世界从来就没有公平过。即使你到美国，也不可能有这样的公平。但是中国其实还有另外一个好处，中国从来没有真正的社会阶层等级概念。即使你是一个最普通的老百姓，只要你愿意出来奋斗，你就会被一视同仁。尽管我们会发现周围有资源的人会比你更早地拥有资源，但是人生不是百米赛跑，让他们先得到好了，你可以给自己一辈子时间去奋斗。

其实，人生奋斗没法比，每个人都有自己的事业，每个人都有自己的人生，最重要的是什么呢？跟自己比，就跟自己比，你的今天是不是比昨天好，你的明天是不是比今天好，明年的你会不会比今年好，十年以后的你会不会比十年前的你更好。

还有的同学很有意思，说："俞老师你看，我的长相不怎么样，也影响了我的事业发展。比如说我去面试的时候，人家老板一看我长得这副矬样，就不要我了。"我说："你敢这么说，说明你内心还是有点自信的。"

人在30岁以前，长相可能对你是有一定影响的。女孩子就算再漂亮，过了30岁还能说自己长得很妖娆吗？人在外表上是要有一点干净利落的感觉，但是应该到此为止。一个男人天天在镜子面前花半个小时打扮自己，成何体统？

我的确看到过这样的男人，照镜子半个小时都不止。我觉得男人连镜子都不应该照。这么好的时间不用在让自己的生命变得更加有魅力的事情上，有什么用呢？你再怎么打扮，能不老吗？你再怎么打扮，等到年纪大了，皱纹能不上脸吗？当你皱纹上脸时，皱纹中透露出的是庸俗还是智慧，这全部取决于你现在要做的事情。

所以，我们的长相跟自己没关系。

人生是自己的选择，你要把自己变成一个不是对得起自己的长相，而是对得起自己的内心、对得起自己的能力的人。只要你相信奋斗能让你改变自己，你的生命一定会越来越灿烂。

生命是一个不断寻找的过程

人生的态度分为两种：一种是积极的态度，一种是消极的态度。

有一个故事，当看见一个瓶子里有半瓶水的时候，积极态度的人是看见还剩下半瓶水，消极态度的人是看到我就只剩半瓶水了，已经喝空了半瓶水。当我们面对生活的时候，面对未来的创业、就业、失败、困难时，我们到底应该用积极的心态去对待，还是用消极的心态去对待？是用抱怨的心态去对待，还是用努力的心态去对待？这是每一个人自己的选择，这个选择没有任何人能帮你做。

从客观上来说，面对真正的世界，你的内心不一样，确实造成了至少你和周围世界的不同，这就是人随心转。这是我深刻体会到的感觉。人跟着心转，每个人都讲自己的命运，经常听到有人说"我的命不好"，或者说："俞老师，你怎么一辈子能够获得那么多机会，你怎么在农村也能有机会？从北大出来做了新东方，结果新东方做到这么大，还到美国去上市了，怎么什么好事都落到你头上？"

很多人觉得有很多好事发生在我身上，但他们不知道我在奋斗的过程中遇到的坏事有多少。当然不是说去做坏事，不能去杀人放火，不能去销售毒品，我说的坏事是生命中遇到的困境、挫折，这是坏事。一个人生命中的坏事越多，并且从坏事走向好事的决心越大，他的好事就一定越多，就是这样一个道理。

所以，关键是你遇到事情怎么想。我们常常讲命运，到底有没有命运？当然有。我出生在农民家庭，农民的儿子就是我的命，我生出来长得不好看，这就是命，但我现在觉得挺好看的，因为男人的沧桑使我变得更加有魅力。所以，好看或难看也是一个相对状态。你生出来身无分文，到了30岁的时候还靠着一点工资过日子，这也是命。

人最重要的是变命，把好的命变得更好。比如有人出生在富人家庭，父母都是有钱人、有权人，家里房子不用担心，吃饭不用担心，上学还有车接送，这样的命好啊。但这个命好能不能决定你一辈子的命都好呢？不能。我们看到多少所谓命好的"富二代"出事的，开车撞人自己进监狱了。

所以，有钱有势可能是好事，但也不一定是绝对的好事。那么，怎么能变成好事呢？把这些东西看成跟你没有关系，你要做的是在这个基础上进一步奋斗、努力，进一步奋发向上，最后创造出自己的世界来。而且，你创造出自己的世界来会相对容易，比农民家的孩子相对容易。比如我做成新东方很有名气是39岁，但是真正成就事情是接近45岁。

如果说你的基础好，并且有奋斗精神，可能提早10年。因为人一辈子是长跑，在前面的时候你早跑一小时和两小时差别不大。比如一个人跑80

公里，有人比他早跑了3个小时，但是等到晚上他80公里跑完的时候，那些早跑3个小时的人大部分被他超过去了。

人生跑一辈子，你早跑一小时和晚跑一小时无所谓，关键是不论早跑晚跑，如何用均等的速度去追。早跑的人往往跑着跑着就跑不动了，后面追上来的反而多半都超过去了。你现在有没有钱跟你一辈子的成就几乎没有关系。

从现在后退10年的角度来说，可能有关系，可能你走了10年，人家那10年是在跑，早就跑到你前面去了。但是，你10年之后跑到他前面的起点上，有起点就好办。这个世界上最怕的是很多人把偶然的运气变成必然的运气，或者总是去追求偶然的运气。

什么叫追求偶然的运气？比如有些女孩找男朋友，靠着偶然的运气找到了家庭条件好的男孩子，想着跟这样的人结婚就不愁吃、不愁穿了，然后就嫁给他了。但结果呢，这个家的男人不勤劳、不勇敢，导致女孩子没有任何幸福感，最后这个女人在郁闷中慢慢老去，甚至过早地死去。

这样有没有意思？没有意思。去追求偶然的运气是不行的，偶然的运气就像守株待兔的老农一样，兔子撞上了树，就认为兔子每天都会来。我们不会愚蠢到这个地步，在路上捡到100块钱，就每天在路上等。英国有一个实例，有一个男人捡了100英镑，从此以后就认为天天都能捡到钱，就天天低头走路，捡到2万多个钉子，但是从来没有捡到第二张100英镑。

一个人一辈子的过程，必然的运气就是自己变得更加值钱的过程，你家里存多少钱都不管用，你要问自己这辈子值钱吗？像我这样背后有一家企业就值钱了，你作为一个科学家研究出一项伟大的科学发明，诺贝尔奖金一拿就是100万美元，你也值钱。不管怎么样，我们都要把自己变成一个值钱的人。

当我们的人生之船已经扬帆起航，已经走向了大海，我们要回头吗？只有前行在波浪中寻找新的目标，那才是幸福的、满足的，经历过人生沧桑的笑容才会在脸上浮现。如果让我现在讲一路前行受过的苦难，有很多，到现在还有。一个人事情做得越大，后面的事情就越难，新东方做大了，中间会有很多的难处。

我们现在作为一个个体，依然会有很多难处。比如现在想的是出国，但没有钱。考研？找女朋友或男朋友？人生中充满了各种疑虑、痛苦和不确定因素，但是在这些疑虑中，只有一条路可以走，就是始终坚持前行，在大海上始终坚持往一个方向走，一定能贯穿你所走的方向，并且在这个方向上到达最远的地方，这就是你要坚持的东西。如果你想寻找生命的一个必然的话，那么这个必然就是不断地克服自己的不确定性，不断地往前走。

往前走要有一个过程，比如我考大学的时候。人生就是改变自己的命运，不断变得值钱的过程。我从北大毕业后想去国外留学，苦于缺钱不能如愿，为了挣钱开始创办新东方，挣足了钱却放弃留学，转而继续把新东方做大，这些都是我为了改变自己的人生做出的选择。

我还有很多人生的选择，我一直认为当和尚是一个归宿，我也觉得周游世界是一个归宿，最后也可能变成家里的工人。当然，那些事情还没有发生到我身上，既然还没有发生，我就先坚持把新东方做好，等到选择出现了，再进行选择。

人生的关键点就是几个选择而已，在选择的时候，选择拼命往前走，走向更高的台阶，这就是人生要做的事情。我一直希望自己走向更高的台阶，走到今天，尽管有高有低，但还算符合了我的人生态度。除了自强还有什么呢？消极能给你带来东西吗？苦恼能给你带来东西吗？骂社会、骂人能给你带来东西吗？在微博上发点牢骚能给你带来东西吗？都不能。所以，我相信"奋斗"两个字。

守株待兔的农民应该去追求必然的运气，偶然的运气是一个提示，提示了什么呢？提示了这个地方有兔子出来，但是兔子不会再次撞到树桩上来。他唯一要做的就是想办法主动去寻找兔子，也就是说，当发现一只兔子撞死以后，马上想到第二天变成猎人，兔子不会再来找我了，我就去找兔子。那个农民如果变成猎人，就不会等到最后头发都白了，第二只兔子也没有来，以这样的悲剧收场了。当了猎人，出去打猎，还可能打到野猪、狮子或老虎，只要主动寻找就有猎物。

所以，生命是一个不断寻找的过程，任何被动都不大可能带来好的结果。

一个人获得成功的四大能力

一个人在凡事主动的前提下，需要加上精神状态、勇气。有了这样"不要脸"的勇气，不管做什么都能取得成功。不过，除了勇气，我认为还有四大能力很重要：

第一，必须终生拥有被人相信的能力。被人信任，背后包含了很多东西。其实，我在很多小事上是不被人信任的。比如说，兄弟们说好第二天吃个饭，结果我忘了；有朋友从外地到北京来，我说我开车去接他，结果到当天没有时间了。我老干这种事。但这里面有一个区别，人家对你的信任，分为对具体小的言行的信任和对这个人的大信任，关键是在大信任上，就是在你的人品、人格上，别人能信任你，这个才有用。

不管你平时有多少矛盾，不管你有多少小失信行为，这都无伤大雅，只要当朋友真正有事情的时候，他第一个想到的就是你，这就是信任你。举个简单的例子，你周围的朋友要离开这个地方的时候，会不会把身家性命委托给你，你是不是这样一个值得托付的人？这叫大信于人，特别重要。有人在小方面对你有所不满，这太正常了，如果没有，你就不是一个真正的人，到底是人是鬼就说不清楚了。

什么叫真正被别人相信呢？比如一起创业，人家相信你绝对不会骗他，当赚了钱以后，人家相信你不会一人独吞，遇到为难的事情的时候不会陷害对方，遇到危险的时候一定会冲到前面，这都是别人对你的大信。这里面，团队精神、善良、勇敢等都包括了。这种能力比投机取巧、小聪明或高分数要强不知多少倍，所以一定要建立口碑，先把自己变成一个能让别人相信的人。

第二，保持人格平等，有尊严地交流沟通。我们讲到沟通的时候，会想到这个人会拍马屁、会谈判等等，这是沟通交流能力。但其实这只是一部分。一个会交流沟通的人，你可能会发现他没有太多语言，有的人就是几句话。你体会到的是什么呢？是人与人之间的互相尊重，你愿意继续做事情。

当你把每个人当成平等的人，从人格上产生尊严，从行为上表示尊重时，你的成功就多了一半，因为你周围的人都不会排斥你，觉得与你在一起很安全、很舒适。

第三，学习能力。人生到处都有学习，在路上走着，抬头、低头也是学习，在人群中走着，观察人的脸色也是学习。从一个学生的角度来说，学习包括几个内容呢？读万卷书、行万里路、阅人无数、明师指路。

除了作业以外，还要精读专业之外的书籍，一般最好是人文社会科学之类的书籍，人靠这些书籍打开眼界。所以要精读两本书，泛读20本书，这是大学生必须要做到的事情。

读万卷书，行万里路。我是新东方老师，没课时会出去玩，因为走出去会拓展思路，会体会风俗民情，没钱的时候走中国，有钱的时候走世界。我曾经在身上只有100块钱的情况下走过五个省，天无绝人之路。当然，我现在是在富有的时候走，最富有的时候包一架私人飞机走，当然我不会这么奢侈地走，一般我是包飞机上的座位，照样可以走遍世界。

我没有去美国读过书，英文水平不如留学生，但眼光绝不比他们差，因为我走遍了世界上的山山水水。当人的年纪大了的时候，需要靠智慧活着。什么叫智慧呢？不该碰的事情不碰，该碰的不放过，这就是智慧。

另外就是阅人无数。你越了解社会，你对社会了解越深刻，宽容就越多，在不越过做人的底线的情况下，你看得越多，包容得越多，你的成就就越大。这就是阅人无数带来的结果。你碰到了流氓，觉得世界上本来就有流氓，碰到是我的运气。

然后是明师指路。现在太方便了，网上随便一搜，我演讲的视频都能找到，《百家讲坛》也有。现在知名大学的公开课堂都在网上，听不懂也没有关系，上面有中文、英文，总而言之有你能听懂的语言。我在北大的时候，别的事情没有做，就去学习了，但平均分在67分。当时北大的名师讲座，只能现场去听，没有录音，没有网络。我们去抢听讲座的凳子，会抢到打架。我们发现清华的学生到北大来抢座位，就会打架。在北大和清华中间是块空地，我们在那块空地上打了无数架，就是阻止清华同学到北大来。

第四，个人领悟。我母亲是个高瞻远瞩的农村妇女，她知道从小学开始关注儿子学习，一直到大学，她早就预料到中国千百万学生的利益。我在北大的时候，发现很多大学老师鼠目寸光，为了一点小事天天打架。爱因斯坦会为了这些打架吗？胡适会为了这些打架吗？不会。所以，跟文化没有关系。当一个人有了文化的时候，并获得名师指路，最后还领悟了，他就明理了。所以悟与不悟的区别不是读书不读书，不读书也有明事理的，读书也有不明事理的，但是真的明大事理就要读书。

把这四点做好，再加上勤奋刻苦就够了。有一本书叫《人生为一大事而来》，我们一辈子做不了太多的事情，我的大事是什么？是新东方还是旧东方？不知道，我的人生一定为大事而来，可能这件大事到80岁的时候回头看才能明了。

人是需要去努力、去悟的：你这辈子最重要的结局在什么地方？你们要做的是一路前行，在今后不断地领悟。领悟太阳升起到底是为什么；领悟阴晴圆缺是什么；领悟人生一辈子怎么过，到底为什么？

有领导能力和胆识才能做成事情

回顾我的人生经历，我从北大出去创业前曾当过两次头儿。第一次是村里孩子的头儿，当得比较长，从10岁一直当到18岁，从来没有被推翻过。在村里当孩子头儿也是不容易的，要让大家服你。我在村里从10岁到18岁是公认的小孩子的头儿，没有任何人敢动我一根毫毛，这不是靠打出来的，我本身比较瘦弱，打不过别的孩子，但所有身强力壮的孩子全是我的朋友。

第二次当头儿是在我高考失败两次后，我进了一个高考补习班。我在这个补习班被选为班长，这个班里全是高考落榜生，但在我的带领下，这个班居然成了一个生龙活虎、充满浓厚的文化氛围和奋斗热情的班。

最后第二年，这个班40名同学，有38人考上了大学，其中20人上了国家名牌大学，这在那个年代绝对是一个奇迹。因为那个年代100名学生中只录取5名，包括大专，但是我们进的都是南京大学、北京大学、北师大、北外这样的学校，最差的就是周成刚考上苏州大学，但也是中国名牌大学，现在排名三十几位。

从某种意义上说，这个班改变了中国外语教学的命运。因为现在在新东方工作的三个人，我、周成刚、李国富都是这个班的。中国的外语教学格局不就是被我们改变的吗？不就是被新东方改变的吗？

在部分意义上，中国外语教学方法是被新东方改变了。要知道，在过去尤其是十几年前，几乎所有大学讲英语的老师都偷偷跑到新东方来听课，看新东方是怎么教的。他们很纳闷："为什么我们免费教都不来，为什么他们收费还要去学？"当然，这是后来的事情了。

为什么我判断要从北大出来，并能够把事情做成？我觉得自己具备了两个重要的能力：

第一，我有领导能力。领导的能力是一流能力，能让任何一批陌生人跟随你。比如你们，假如选出十个人，给我一个星期带你们，你们一辈子就能跟着我，并认为是特别合算的。我不会给你们一分钱，你们仍然会觉得合算，这不是我用钱买你们。当然，如果最后真干了就会有钱，但依然会跟随我。这统称为所谓的人格魅力。

其实人格魅力也是要慢慢培养出来的，我今天的人格魅力一定比我从北大刚出来的时候要多很多。我发现即使是我小时候，在高考补习班，我也还是具备一定程度的人格魅力的。不是因为我学习好，也不是因为我聪明，也不是因为我的家庭背景或者外在的什么东西。像是家庭背景好、身强力壮，别人不敢打你，所以你变成孩子的头儿，这样没有意义，你要做头儿的话，哪怕是一个农民的儿子，人家也服你。

朱元璋就是这样，在他七八岁的时候就能看出来（当然我不是把自己跟朱元璋比，只是举个例子，说明什么是人格魅力）。朱元璋跟小伙伴在一起玩，大家做游戏时，他就坐在一个草堆上，让大家拜他。这群小孩为什么服他呢？

朱元璋曾经给一个老地主放一头小牛，当时农村饥荒，孩子们饿得半死不活，没东西吃。朱元璋居然自作主张把牛杀了，让所有孩子分享牛肉。牛没了，怎么跟老地主交代呢？朱元璋灵机一动，把牛尾巴塞进了岩石的缝里，回去报告老地主，牛钻到岩石缝里拉不出来了。老地主过来一看，一根牛尾巴在石头缝里，拉出来只剩一根尾巴了，也明白发生了什么，就把朱元璋赶走了。

这件事情体现了一个人能展示个人魅力的特征。其他孩子对朱元璋服气，这帮小伙伴后来有一半变成了他打天下的名将，这是小时候培养出来的。名将并不是天生的，而是机缘巧合，有一个领袖带着一帮人，那帮农民最后就变成了名将。碰到这样的领袖，即使你再有才华，一辈子也得拉倒。最有才华的人生在最平庸的时代，依然是平庸的人。而哪怕是一个中等才华的人，只要生在可以展示才华的时代，也能变成人才。

有时候，并不是说你到了一个岗位就有了才华，岗位和才华完全是两个概念。如果我现在让你来新东方当总裁，难道你就有当总裁的才华了吗？没那么回事。它需要你有其他很多方面的东西。

朱元璋有两个能力让他获得了小伙伴们的爱戴：一是哪怕这件事错了，只要对朋友有利我就做，就是为别人考虑。假如你当了领袖，必须转换思维，碰到任何事情先想别人而不是先想自己，这个能力特别重要，但这并不是说就是无私。他想的是什么？想的是成大事以后的自己。

刘邦为什么造反？他押解一帮犯人，在半路把犯人给放了。当时他并没有想到要造反，只是把犯人放了后，发现自己回去就会没命。刘邦当时放犯人的时候，并没有想到自己要变成皇帝。

朱元璋和刘邦在这方面有这些特性。当然，后来他们成为皇帝后变了是另外一回事。

第二个能力具有胆识。胆大敢杀牛，有承担责任的能力。当时朱元璋完全可以一边哭一边说："这是他们让我杀的，我的朋友吃掉了牛，不是我干的。"但是在老地主骂他的时候，他说牛跑到山里去了，他也没办法，牛为什么没了他不知道，反正牛跑到山里去了。打他可以，骂他可以，但他不会说是他的小伙伴跟他一起干的。他有天然的承担责任的能力。

如果一个人没有承担责任的能力和勇气，没有养成总是为别人思考的习惯，他就难当大任。为别人思考不等于把自己给抹掉，为别人考虑不等于无私。我做事情会自动为别人考虑，然后现在有了新东方，不就是这样吗？所以，这是不同的能力。

当你身上体现出这两个能力的时候，个人魅力自然就会爆发出来，你也就能做成事情。

只要你想变得伟大，就一定能变得伟大

在这个世界上，每个人都希望自己在各方面都成功，但是其实对于成功，每个人的定义都不一样。有的人认为有钱就是成功，有的人认为有社会地位就是成功，有的人认为有一个家庭就是成功，有的人认为娶到一个漂亮的老婆就是成功，有的人认为嫁给一个白马王子就是成功，所以每个人对成功的定义都不一样。

但其实很多东西不仅仅是你希望的现实。比如说你希望有更多的钱或是你希望自己精神上变得更加强大，其实都是连在一起的，因为人是一个整体，不可能分开，绝对不可能说今天我的成功是拼命地去赚钱，明天我的成功就变成了追求精神生活，后天我的成功是去追求一个女人，大后天我的成功就变成去追求一个男人，这就会很麻烦。

在我看来，什么是人生一辈子的幸福和成功呢？所谓的成功，就是自己不断地创造成就感。

成就感让自己产生对这个世界和自己的幸福满足感。人什么时候是最满足的？只有两种情况下最满足：一种情况是肚子已经饿得不行了，就快要死掉了，这个时候有人给你一个馒头，你吃馒头的时候一定比你饱的时候吃多少鱼和肉都要更加满足，这是生理上的满足。但是，我们人一辈子大概这样的情况不太多，除非自己找死，到了饿的时候故意不吃，饿上五天，那么才会有这个可能性。

但是，现在相对来说都是还能吃到馒头的，所以其实我们追求的更大的满足感是精神上的满足感，也就是说我们追求自己的成就感。那么，自己的成就感来自什么地方呢？来自你现在在做原来没有做过的事情。

我们的痛苦来自什么地方？不是来自我们自身，而是来自跟别人的比较。我们天天都在跟别人比，比如说别人比你长得高，别人的家庭条件比你更好，别人的成绩比你更好，别人更早地比你找到女朋友，你总是活在别人的眼光中和你跟别人的比较中。这样你就很少得到真正的幸福感，除非你本身有自发狂躁症。一个有自发狂躁症的人对自己完全没有清醒的认识，觉得老子就是天下第一，当然这样的人在世界上是没有舞台的。

如果你常常跟别人比，产生的结果是什么？可能会产生自卑，而这种自卑会产生一种麻烦，就是你不能清楚地认识到自己的才能和能力，也不能充分发挥自己的才能和能力。

我们还有另外一种习惯，就是去关注本来不应该关注的东西，比如很多人很关注自己的长相。这是一个非常无聊的话题，长相是爹妈、上帝和老天一起创造出来的东西，是天定的，所以现在你天生就是这个样子，你就应该对自己的样子满足，不管你长成什么样。

人的改变来自什么？跟外界世界有关系吗？没有关系。跟父母有关系吗？没有关系。比如，我们都羡慕周围有的同学是"官二代"或者"富二代"，家里有地位或者有钱，身上都穿着名牌服装，买一部iPhone手机眼睛都不眨一下，而你根本就买不起iPhone手机，买一部山寨智能手机还得犹豫半天，最后七借八凑终于买回来了，假装自己拥有一部iPhone手机。

这个世界好像很多东西你天生不能拥有，然后你会产生一种怨恨感，怨恨自己怎么没有生在一个有钱的家庭？怎么没有生在一个有权的家庭？但是，你父母拥有这些东西跟你其实没有什么关系，我们有没有发现当你不能正确地看待父母拥有的东西时，你甚至会把自己的生命都搭进去？

有的时候，表面上任何一个重要的东西其实对你来说都不重要，所以今天我特别庆幸我父母一无所有，我也特别庆幸我的父母是农民。我曾经抱怨过，因为我进了北大发现我周围的同学什么都有，而我没有，但是今天我发现我的父母给我留下了一点最珍贵的东西，这个东西就是让我奋斗的广阔天地；也给我留下了一个最珍贵的个性，就是我愿意去自我奋斗，获得我自己的资源。

所以，**当你发现自己一无所有的时候，不要太在意，不要在意自己的长相，不要在意自己的学校，也不要在意自己的家庭，因为对所有这一切的在意都是没有意义的。**

农村出身的孩子身上一般都不会有两种才能，第一种叫文艺才能，第二种叫体育才能。文艺、体育两方面的才能都没有，在这两方面你就不能展示自己的才华。但是一个人到了一个群体中，总要有一样东西比别人牛，你才会树立起自信心。

所以，如果你发现自己什么都不行，总是被同学看不起的话，你一定要想办法在自己的四年大学生活中做出一件事情来，这件事情是让别的同学根本就没法跟你比的。这样的事情其实很多，你可以专门练打篮球，可以专门练打乒乓球，还可以专门练唱歌，这些都是成就。你可以专门练各种各样的东西，你可以专门读一本书，你把这本书读个10遍、20遍，最后讲起这本书来头头是道。最后你就会发现，同学们在这方面挺尊敬你的，这就了不起了。我在北大的时候，发现往哪个方面突破都是没希望的，普通话不行，文艺活动不行，体育运动不行，我唯一能做的体育运动就是游泳，因为我是在长江边上长大的。

你要想获得成功，有三大要素：第一是意愿，第二是能力，第三是资源。资源是外面的，你身边现在没资源，什么都没有，但慢慢可以拥有。能力是可以不断成长的，最重要的是意愿，就是你想要。如果你能产生一定要成为中国英语第一大家的意愿，你这辈子一定能做到。如果你在大学真想谈恋爱，没有谈不成的。

人生一辈子，你想变得伟大就一定能变得伟大，你想变得窝囊也会变得窝囊。伟大和窝囊不来自外部环境，也不来自你的父母，也不来自你的老师，伟大和窝囊来自内心一瞬间的转变。这辈子只要你想伟大，就一定会有一个精彩辉煌的人生。

人生最重要的三大心理素质

我认为，人生有三大重要的心理素质。

第一大心理素质，是要坦然地接受生命中所遇到的一切不幸、苦难、困难，当然还有其他的东西。家庭上的，没有一个人的家庭是完美的；工作上的，没有一个人的工作是不遇到问题的。跟人交往上，你怎么看待这些事情，这叫宗教境界，你不一定要信任何宗教，但是如果一个人不能坦然接受生命中遇到的一切苦难、不幸、不公平，就不可能有一个阳光的心态，就不可能有一个退让的心态。

第二大心理素质，是绝不轻言放弃，要相信努力和奋斗改变人生的力量。我是绝对相信的，有些东西你改不了，你农民出身，你不要改，你长相一般，你不要改，改了也没用。但是努力和奋斗，尤其是正确地、持之以恒地努力和奋斗会改变人生，一定会改变你的人生。所以，要相信自己持续不断的努力和奋斗会改变人生，这是特别重要的。这是第二大要素。

第三大心理素质，是不要对那种能把你带坏的东西有太多的贪欲，比如金钱、社会地位、名声、权力。一个人对权力、金钱和地位有过分的要求，一定会把自己给毁掉。

我走到今天还活着，我觉得就是因为我对权力、金钱和社会地位其实没有太多的欲望。但是，除了权力以外，其他我都有了，不就是这样吗？不要去追求那些东西，但是你可以把那些东西变成你的能力的副产品。人的欲望是要控制的，人的七情六欲要控制在正常的范围之内，不要做那种冒风险的事情。比如说多点钱，没问题；有社会地位，也没问题；多喜欢几个女人，也没问题。但是，不要把这些搞乱了，不要搞到给你的生命带来危险的地步。

我的体会是，一心一意真的是人的幸福的来源，所以我说一心一意地爱一个人最好，一心一意地做一件事最好，一心一意地和几个懂你的朋友交往最好，像这些东西其实都是做人的基本。但是，因为我们常常被各种东西牵来牵去，所以有的时候把控不住。我也有把控不住的时候，但是好就好在我总能把自己拉回来，这个特别重要。

一个人的进步永无止境。为什么我不断地呼吁读书？因为我看到很多年轻人时间比我多，却不去多读点书，多学点东西。我如果有他们这么多时间，早就把网易公开课上的全部课程都听完了。这相当于上了耶鲁大学、哈佛大学、剑桥大学的全部课程。如果大学生把这些都读完以后，再到国外去读个学位，不就是轻而易举的事情吗？为什么就不能学呢？到处都能学。所以，优秀是挺不容易的一件事情。

要成为一个优秀的人，以下几个要素很重要：

第一，感觉的行为都是短暂的，但是一个人如果内在地对自己的生命有一种珍惜，有一种感悟，有一种喜悦的状态，这是对生命的喜欢，这是对自己的自信，是发自内心的。这种发自内心的东西，不会因为外在的得和失而改变，遇到任何问题，会觉得自己的生命就是一个值得不断去经历的过程，这特别重要。

我周围不少有成就的人，基本上都拥有这一条，他们在拥抱自己的这种生命状态，而不是选择性地去做对自己外在的比如地位、金钱有好处的事情。这二者是不同的概念，因为有钱不一定拥有生命，比如像黄光裕这样拥有几百亿的人，"咣当"一声就进监狱里去了，这样也是属于对生命不热爱的表现。他所有的成就依赖于外在的那些东西，主要不是来自内心。

第二，对工作专注并喜欢，这也是一个特别重要的要素。因为人的一辈子有一半时间甚至一大半时间是放在一份工作上的，所以说如果你不喜欢这份工作的话，不管它带来多少经济收益，都算是一种对生命的浪费。所以，热爱生命的另外一种体现，就是做自己喜欢做的事情。当然，每个人喜欢的事情是不一样的。

那么，对我们来说，怎样去做一件自己喜欢的事情呢？

我在北大当老师，出来做新东方还当老师，证明在我能自由选择的时候，我依然选择这个职业，就是感觉当老师是我最喜欢的事情。现在我就这么一直当下去，当然做新东方也是我喜欢的事情。**你喜欢一份工作，不光要喜欢这份工作本身，还要从这份工作背后找出工作的意义来，比如工作的使命感，这很重要。**

Chapter 5

事业
——把小事情做成大事业

愿你的青春不负梦想

人生要有畅游大海的勇气

记得中国古代有一个将军抛钱币的故事。

有一次，一个将军在打仗以前对所有的士兵说："我们来抛手里的一把钱币，看看今天到底能不能打胜仗。如果钱币都是正面朝上，我们就可以打赢。"这个将军把钱币往上一扬，让所有的战士看，结果所有的钱币都是正面朝上。战士们军心大振，欢声雷动，一举把所有的敌人都打败了。战士们在狂欢的时候，将军重新把钱币拿出来，结果发现钱币的两面印的都是正面的图案，随便怎么抛都是正面。

同理，如果我们对自己的生命有自信，那么无论怎样抛，我们命运的硬币都是正面朝上。当然，这并不是说要盲目地自信。因此，我们要做到下面几件事情。

第一，要做自己有把握的事情，或者能带来良好结果的事情。你要有良好的判断力。让你喝一桶水，你肯定喝不下去，但是让你喝一瓶水，你就能喝下去。所以，当你只能喝一瓶水的时候，千万不要有喝一桶水的胃口，否则你会把自己撑死。当你只能背10个单词的时候，千万不要决定一天背1000个单词，否则你会把自己憋死。你要做自己有把握的事情。

对任何一个人来说，这还包含了另外一层意思，就是说你一定要坐在你能够胜任的位子上。如果你在一个不合适自己的位置上，最后的结果一定会把自己毁掉，因为你在做自己没有把握的事情。

第二，一定要运用常识和智慧，远离危险和不幸。我们生活中的很多不幸是因为自己的判断失误、自己的鲁莽或者自己不用心思考而造成的。只要你用心思考，你就会远离这种危险和不幸。

我举一个例子。四年前的冬天，新东方有一个学员在四十七中上课，晚上出去吃饭，回来的时候发现学校的大门已经关上了。铁栅栏上有尖尖的红缨枪一样的箭头，他认为自己爬过去没有问题。但是那天刚好下了雪，铁栅栏上面结了冰，他翻到一半的时候，一不小心滑下来，整只手被铁栅栏的红缨枪穿透了。这就叫没有常识。当你发现铁栅栏很滑的时候，当你发现翻过去已经有50%以上危险的时候，你唯一要做的事情就是敲门，把值班的人叫起来，哪怕被他骂一顿，你也可以安全地进去，而不是翻越铁栅栏进去。那个人在医院里住了一个星期，最后将永远带着一只破残的手度过自己的余生。其实，很多危险是可以避免的，但是你没有避免，这是因为你的判断失误。

同时，**不要为了避免危险而变成胆小鬼，一定要做有一定把握的但有点冒险的事情，这是成就事业的最好方法**。当你发现成功的可能性有50%的时候，你就可以去做。另外，一定要有一个前提，如果你失败了，你是能经受住的，不至于变成神经病，不至于自杀。

比如说，当初我从北大出来的时候，实际上是带有风险性的，因为1991年从北大出来意味着失去了铁饭碗，意味着一辈子不知道把户口落到什么地方去，意味着自己的档案不知道往什么地方放，何况我的档案里还有一份一级记过处分的记录。

我预料到没有任何一个单位会要我，但是我是有把握的，因为我知道出来以后每天晚上可以去上课，我作为老师是合格的，我每天晚上赚20块钱是合格的。如果我每天晚上能赚20块钱，一个月就能赚600块钱，而当时北大给我开的工资是每个月60块钱。我在外面上课赚的钱是在北大拿的工资的10倍，即使我租房子，也能养得起我的家人。

我是在这种前提条件下从北大出来的。后来做新东方，也是有前提条件的。我认为，如果把我前两年所赚的几万块钱全部投入进去，即使这些钱都损失了，我也不会自杀。因为这只能说明这两年我在经济上毫无收获，但是我还是一个老师，依然可以从一晚上赚20块钱开始干起。由于有了这个前提，1993年我就敢于把我所赚的钱一次性投入新东方。因为我知道，这个失败对我来说能够承受得起。

当你发现一个失败对你来说能够承受得起的时候，你就要去冒险，你就要去大胆地尝试，否则你的生命将会因为你的谨慎和小心失去色彩。你会像田螺一样，碰到任何事情都往里缩，因此你就失去了像鱼一样在大海里畅游的机会。一只田螺一辈子所走的路也许很多，但是它永远在壳里，永远在绕圈子，永远没有离开过自己周围一方寸的沙滩。但是一条鱼可以游遍大海，因为它摆脱了田螺的胆怯。

所以，一个人对自己的过分保护也会使自己失去机会。如果你要让自己能够像鱼一样畅游大海，那就必须有勇气。

创业者必备的素养

我认为创业者要具备三大素养：第一，要认清自己，突破局限；第二，要积累经验，迎接失败；第三，要成为领袖，走向成功。这些都非常重要。

认清自己，突破局限

什么叫认清自己？每个人都是有自我局限性的：个性上，有内向的，有外向的；做事方式上，有喜欢自己做事的，有喜欢把一个团队融合起来做事的。你要想办法认清自己到底是什么样的人，适合什么样的创业项目。

有的人坦率地说就不适合合伙一起干，就适合一个人干，所以我也挺佩服那些企业家的，上市了自己还拥有90%的股份，我觉得太牛了，我上市的时候，只有20%的股份，其余的都被人"抢"光了。后来我觉得我太无能了，我要是有80%的股份，那是一个什么概念啊？但是人就是不一样的，我把股份分给别人，所以遇到我这样的人，你就可以跟着我干。但是可能你遇到的另外一种人他就喜欢紧紧攥着股份，难道他就不是一个企业家吗？他是，只要他有能力，自己干上去，给你足够的钱，就不给你股份，也可以。

所以，每个人都不一样。你看今天的华为，任正非就是不上市，他干得也挺好。每个人都有不同的方法来运营自己，只有认清自己的长处才能够把事情干好。

认清自己的过程是一个突破局限的过程，也是一个增加勇气的过程。比如说你认清了自己是一个非常懦弱的人，这个懦弱已经使你变成一个胆怯的人，已经变成了创业和做其他事情的一个障碍，那你就要想办法突破。

这个突破有的时候是有难度的。比如说我对失败的突破是没有心理障碍的，高考考了两年，第三年继续考还觉得挺开心。但是后来我发现我做别的事情会有障碍，比如说我在大学的时候，根本就不敢到人面前去做演讲，上北大整整五年我没参加过一次学生活动，就是怕到台上一讲，大家把我给轰下来。

我现在怎么敢在公众场合当众讲话呢？很简单，后来在北大当老师了，不得不讲，我就开始慢慢练习在别人面前讲话的勇气，最后发现讲话这件事情不算一件难事，然后自己再慢慢往前发展。

刚开始做新东方的时候，当时的生源都在北大、清华，我也雇不起别人给我贴广告，所以每天晚上就自己去贴广告，又怕学生认出我，就穿着棉大衣，晚上戴副墨镜，戴着帽子和口罩去贴广告。没想到即使这样，还是被认出来了。我半夜12点在北大校园贴广告,结果学生过来觉得这个人怎么那么奇怪,左看看右看看,说这不是俞老师吗?我只能把口罩摘下来了,说:"是我。"他说:"俞老师,这个事情你不用自己干,我们学生就帮你干了。"所以,第二天学生就开始帮我贴广告。

我发现其实你认为是一件很丢人的事情,别人不这么看。有的时候你认为失败很丢人,其实别人不这么看。在你自己心目中认为很丢脸的事情,在别人眼中根本就什么都不是。事实上,很多人90%的精力只关注自己在干什么,你离婚了与我何干?你被女朋友甩了与我何干?所以你不要把自己的事情看得太重,你也不要把自己的失败看得太重,这就是突破局限。

积累经验,迎接失败

第二是积累经验。这是什么概念呢?积累经验的过程就是不断迎接失败的过程,只有失败才能给你真正的经验教训。如果一路成功,比如说你谈恋爱一次就成功了,你跟这个女人过一辈子,请问你有没有恋爱经验?非常有限。但是,你谈一个失败了,谈两个失败了,谈三个失败了,你最后就会开始琢磨我为什么失败,我身上到底有什么毛病,这个毛病怎么改才能让女孩子喜欢我,慢慢就谈上了自己真正喜欢的恋爱。

我常常说我特别后悔一次性就把新东方做成功了,这个太要命。因为我从北大出来就做新东方,从13个学生干起,干到3年以后,同期在校学生就已经到了3000人,年收入近2000万元。我觉得做得很成功,所以一直抓着新东方不放,自以为是。

但我周围很多做成大事的人,都不是一次做成事情的。马云的阿里巴巴是他做的第五家公司。史玉柱更是第一家公司惨败，欠了人几亿块钱，到处躲藏，最后东山再起。很多创业者都是渡尽劫波，才终成正果的。

成为领袖，走向成功

第三个素养是成为领袖。马云到最后能做成阿里巴巴，跟他前面的创业经验有着重要的关系。所以，对你来说，你不能说我做失败了一家公司，我就不做了。但是一般人就会这样想，会不会自己不是干这个活的料？既然你觉得不是干这个活的料，算了，我为盛希泰打工算了。但是你一旦说我不是干这个活的料，我打工算了，你就把自己整个人生的性质改变了，你本来是一个英雄，但是变成了一个跟随者。

性质是不能随便改变的，我跟朋友盛希泰一般来说绝不可能为人随便去打工，因为我们觉得我们天生就必须是成为领袖的人物。尽管我在大学的时候觉得自己跟狗熊一样，但是一旦意识到成为领袖的好处，你就会不断加强自己成为领袖的气质。明明没有道理的事情，你只要用坚定不移的口气讲出来，它就有了道理。明明这条路走不通，只要你手一挥告诉大家，跟着我一定有饭吃，大家就跟着你走。你不能说这个事情我觉得可能也走不通，我们走着试试看吧，那就没有人跟着你走。

我跟盛希泰当初想成立洪泰基金。盛希泰原来是做PE的，PE就是公司上市以前帮公司融一大笔钱，一融就是五到十个亿，这跟天使投资没有什么太大的关系。但是盛希泰那种坚定不移、不容置疑的口气，那种只要我们两人干，天下天使非我莫属，非洪泰莫属的气概，给了人很大的信心。当时还没有洪泰，但洪泰果然走到了今天，所以你会明白，领袖气质是什么。

领袖就是你作为一个引路人，把一件事情引向成功的最必要条件。领袖气质绝对不是个人英雄主义。项羽和刘邦的区别在什么地方？项羽是典型的个人英雄主义，他底下没人，觉得老子天下第一，好不容易他底下有一个范增，结果还把他气得得了背疽而死，这不是领袖气质。刘邦有领袖气质，他公开告诉大家自己什么都不懂，但是跟着他，大家最后一定能把这个国家拿下来，他只懂一件事情，就是他相信带着大家的方向百分之百是对的。

如果你作为一个领袖什么都自己去干，今天看到地没扫干净，把人骂一顿，明天看到花没插好，把人批一顿，后天跟政府打交道，你的公关员没有打下来，自己就亲自撸袖子上阵，那你根本就不是领袖，而是一个管家婆。领袖确实要知道哪个细节会带来大问题，必须关注好。比如说我对新东方任何一个教学点的防火设施绝对是百分之一百的严格要求，必须反复强调，剩下的就不是我的事情了。教室有垃圾跟我没关系，那是资产管理部的事情、后勤的事情。重要的事情是方向对，领袖是指方向的。

领袖只有两个要素：

第一，方向永远是对的，不对也要让大家相信是对的，这是领袖。当然，我想说的是，当领袖的人千万不要真的方向错了，如果这样，作为企业领袖，就是把大家带上毁灭之路。

第二，领袖手下要有一批精兵强将。刘邦被项羽打得七零八落的时候，还跟部下说项羽肯定不是他的对手。因为他说他手下有张良、韩信、萧何，项羽手下有谁？什么牛人都没有。一个人手下什么牛人都没有，能干成什么事情？领袖最大的能力就是识人、用人、留人，这是最厉害的。

　　如果把以上三点做好了，我觉得你成就大业就比较容易了。我再重复一遍，叫认清自己，突破局限；积累经验，迎接失败；成为领袖，走向成功。如果能做到这些的话，我觉得创业的基础就全有了。

　　最后一句话告诉所有人：

　　要充分依靠自己，同时努力利用资源，因为事就是你自己干出来的。

真正的精英一定是具有家国情怀的人

精英不是利己主义者

我觉得一个人总是想着利己的话是不会有利的。你不顾及别人的利益，你自己的世界就会越来越小。人心都是肉长的。你想想看，如果你周围有一个人，不管他多么聪明，但他很自私，你就会离他远一点。

在我身边的朋友中，凡是又聪明又特别精明的人，我一般不会把他当朋友看。我会分辨谁是又聪明又精明，又特别自私的人，我表面上会应付，但不会上当。我本人是利他主义精神的弘扬者，我希望可以为周围的人带来更多的快乐、更多的帮助。我觉得这样做挺好的。你的世界会越来越扩大。

举一个简单的例子。现在各种各样求我办事的朋友挺多，因为我到这个地步了，社会资源比较丰富。很多人都是孩子要上学，需要辅导，也会找我。我每天要花一到两个小时来处理这样的事情，有的时候也挺烦的。

但我觉得对我来说是一件事情，对这个家庭来说就是无可替代的大事，所以我就要想办法帮忙。

后来我发现其实没浪费时间。等到我自己遇到事情的时候，或者新东方遇到事情的时候，很多事情就是我打一个电话，告诉对方我遇到这么一件事情，在合情合理的范围内能不能帮我解决，对方一般来说都会说："俞老师，你放心，你的事情就是我的事情。"通过这样的交换，你的世界变得越来越宽。当别人知道你是一个特别自私的人，有好处你才出现，没好处就不出现的时候，你再倒过来求别人干事情，别人是不会帮你的。

我后来发现帮助别人就是帮助自己。**精明没有问题，自我成长也没有问题，但在自我成长的过程中，一定要考虑到关注别人的感受，帮助别人。这对我们生命的宽度和高度一定是有好处的。**

企业家需要家国情怀

我觉得一个自私的、只关注自己利益的人，不管多么成功，都不能叫作精英。在中国社会，真正的新精英是既能自我成长，又能帮助这个社会进步的人。社会不仅是指中国，还包括世界在内。必须要成为有家国情怀的人，包括对中国体制变革的探索、经济发展的探索、文化进步的探索，这就是我们这一代人的使命。

什么叫家国情怀？清末的那一代知识分子，包括孙中山这些人，把清政府推翻，五四运动推翻旧的社会体制，到抗日战争之前的民国时期，那么多知识分子每天探索中国应该往什么方向走，包括我们非常熟悉的鲁迅、胡适、朱自清等。新中国成立以后，为了真理不惜牺牲自己生命和家庭的，像顾准这样的人物就是真正的精英人物。**精英人物必须有大的担当**

和责任，然后再跟自己的发展相结合。

从这个角度来看，中国现在大部分的企业家都很难说是精英人物，因为大部分企业家只关注自己企业的成长。现在我也发现一个新的气象——中国的企业家也喜欢忧国忧民。当然，忧国忧民的本质是很多企业家为自己的企业安全担心。因为你忧虑自己的企业，所以就会要求国家制定一系列保证民营企业健康发展的政策和制度，这些政策和制度的健全就推动了中国企业的发展。我觉得这也算是好事。

不能抓住机会，你终将孤独一生

我觉得，一个人懂得承担责任很重要。

现在的年轻一代在承担责任方面做得有些差，我们大部分情况下只关心自己，关心自我，连个人责任都还没有承担起来，更不用说承担社会责任和民族责任。但如果说我们不能承担责任，不能有担当的话，到最后将是一种"生命不可承受之轻"的状态，就意味着你觉得好像身上没有责任，一辈子飘飘然地就过去了，回头一看，发现因为不愿意承担责任，就没有收获。任何不愿意挑担的人，只能空身前行。

我们现在都是在父母的无私关怀下成长起来的，但是上了大学之后，有多少人能稍微多给父母一点关心？其实很多父母不需要你的钱，只因为你对他们的一句关怀，只因为你写了一封信，就能让父母感动，让父母觉得生你很值得，父母不会因为你再去担忧。这就是我们应该承担的责任——家庭责任。

当整个民族都不具备担当感的时候,当我们现在再也不去想"先天下之忧而忧,后天下之乐而乐"的时候,一个民族就变成了轻飘飘的民族。

我们天天在社会上混着,但是天天心里充满着不满,因为我们知道,我们即使去跟这个社会斗争的话,我们也不见得会斗得过他们,因此随波逐流。但是,最后的结果可能是整个中华民族的前途在什么地方都搞不清楚了。

我觉得我们要在大学开始学会承担责任。比如,到了放假的时候,能不能几个人组织起来,哪怕需要拿出一笔资金,新东方愿意出这样的钱,去考察考察中国农村的留守儿童到底是什么状态,去考察考察留守儿童未来会给中国社会带来什么样的影响。教育不均衡带来的差距是一个迟早要面对的问题。

教育两极分化,中国的农村可能会越来越缺乏知识,越来越穷,而城里的人会越来越富。最后的结果可能是社会严重两极分化,一旦发生强烈冲突,就会把中国的和谐局面全部破坏掉,所有改革开放的成就,一夜之间灰飞烟灭。

这难道不是我们每个人应该从现在开始做起去关注的吗?也许你说挽救国家这样的事情,你一个普通人做不到,但是做不到也得做,慢慢你就会发现你做到了。我最初连自己都养不活,后来我养活了我的家庭,后来我发现我开始为社会做贡献,现在新东方一天给两三千名农村大学生提供学费,就是希望他们能把大学读完。但是新东方现在做得更多,我们现在已经在中国的很多农村地区,用新东方的直播系统和网络系统开始给那里的孩子上课,让农村孩子学习更好一点,也许他们就能考上大学,改善现状。

我每年都在全国政协提出方案，比如说如何让录取的学生向农村地区倾斜，向偏远地区倾斜。我还提了一个方案，上面正在研究，就是农村中小学老师的工资必须比城市老师高出30%。这个方案上面告诉我可能是可行的，工资一高，好老师一到农村，农村孩子上大学的机会就多了，就这么简单。不要觉得作为一个普通人做不到，只要你想做到，慢慢你就可能做到，但是现在你要有这样的意识，往前努力。

在一个移动互联网、互联网改变世界的时代，任何机会都在你的身边。如果说我和马云这样的普通家庭出身的人能走出来，你也一定能走出来；现在成百上千的年轻人创业能走出来，你也一定能走出来。

我每天拿到的创业招股说明书大概能达到几十份，现在总有年轻人可以拿到我们的钱。他们有想法，他们拿出来的项目靠谱时，就可以用我们的钱来创业。你不能抱怨没有机会，机会是有的，而且会越来越多，只不过看你能不能抓住。

要抓住机会一定要首先做好准备。我背单词背到最后背熟了，四万个单词在我心中，两万个单词的GRE教学对我来说驾轻就熟，所以我就去教了GRE，最后就有了新东方。当机会来临时，就看你有没有这样的敏感性，有没有这样强大的创新能力和抓住机会的能力。

网上流传着这样一个小故事：有一个男生一直抱怨自己找不到对象，谈不到恋爱。有一次，他认识的一个女孩子邀请他到家里去玩，这个男生骑着自行车就去了。去了以后，那个女生跟他聊，聊得非常开心，觉得这个男生其实很有才华，就是人憨厚了一点而已，这个女生其实挺喜欢他。后来外面开始打雷下雨，这个女生说外面打雷下雨，挺不方便的，要不你就留在这儿吧。这个男生实在太憨厚了，跟女生说，不要紧，我从来不怕打雷下雨，我骑着自行车就回去了。男生骑着自行车回了家，最后还跟女生打电话说："我已经到家了。"

谁都明白这个故事的含义，男生没有理解女生的意思，当机会来临的时候，你不能抓住，你终将孤独一生。

从本质上改变自己思维的能力

对于一个商人或者一个企业家来说,有一点必须把握住,就是不管你多么不喜欢变化,都要顺应变革,善于变革,并且引领变革。

我再怎么喜欢读历史和哲学书籍,每天也必须花一定的时间读互联网时代的大数据分析、移动互联网时代的跨界合作、商业颠覆之类的书籍。因为我知道,对我来说,这不仅是我一个人的自我完善,而且必须让新东方尽可能赶上时代,因为至少还有35 000人没有离开新东方。只有我进步了,新东方才能进步;只有新东方进步了,管理层和员工才能得到更好的回报。

所以,引领变革对我们来说非常重要。把挑战和危机变成机遇,是企业家最重要的能力,但是这种变革必须从思维逻辑上改变。爱因斯坦说过一句话,大意是要解决一个问题,用原来产生这个问题的思维模式去解决是不可能的,用现有的思维模式去解决是不可能的,这也是常常使很多企业陷入困境的重要原因。很多企业家都会把自己原来做成功的经验用在解决眼前的问题上，但时代已经变了，商业模式已经变了，挑战者已经变了，还用过去的思维去解决问题，这是行不通的。所以，我们要养成从本质上改变自己思维的习惯，而这非常不容易，相当于脱胎换骨。

我特别喜欢《阿甘正传》里的阿甘，《阿甘正传》里有一句话我特别喜欢，阿甘说：I know I am not smart, but I know what love is.（我知道我不聪明，但我知道什么是爱。）**每一个人只要对自己的生命投入真正的热爱，对周围的员工和管理者以及朋友投入真正的热爱，对企业、事业投入真正的热爱，对你的客户、你的衣食父母投入真正的热爱，没有任何商业模式是变不过来的。**

因为商业模式是外在的，而爱在你的内心。

一个人要想创业当老板，需要八大能力

一个人要想创业当老板，需要具有以下八个能力，这八个能力，如果我们能注重培养，就有可能取得成功。

第一个能力是目标能力

首先，谁都想创业，谁都想当自己的老板，可是你还得问自己一些问题：为什么要创业？你有什么样的目标？想把它做成什么样的状态？我们不是为了创业而创业，而是为了做好一件事情，做大一件事情，并且前提是你在进行自我评估后发现这有可能实现，这个时候你才能开始创业。如果说你都没有目标，只是一时冲动，只是觉得你应该去干点什么，并且对所干的事情又没有太多的热爱，那创业就只不过是一种风气，而不是现实，你也不一定能做成大的事情。

就我个人而言，我当初做新东方的时候，有一个非常明确的目标。那

个时候我辞掉北京大学老师的工作出来做培训机构，就是希望自己能做成一家真正有意义的培训机构。也正是因为有了这个目标，新东方的培训事业才蒸蒸日上，不断前进。

随着培训的开展，新东方的目标也在不断改变，从最初的做一所学校变成想在全国各地开设新东方学校，到现在我们已经做成了在美国上市的公司。总而言之，你的目标是上升的，但基础是不会变的。比如我最初做新东方的基础就是想做成一所有品牌、有品位、对学生的前途负责、让学生喜欢的培训学校，从本质上来说，新东方到今天依然是这样的。

所以，我觉得目标能力对创业来说非常重要，而且全心全意热爱这个目标也非常重要。除此之外，需要注意的一个问题是：你的这个目标一定是能做大的，而不仅仅是为了自娱自乐。比如说你喜欢书法，就一下子去创立一家书法公司，这不太容易。

第二个能力是专业能力

如果你对一个专业不懂就去创业，失败的可能性也很大。就像你开了一家饭店，假如你自己不是厨师，又没有太雄厚的资金一下子请很多大厨师，就很难把控你这家饭店的质量，而且很容易被大厨师炒鱿鱼。比如你请了一个大厨师，他做的饭很好，招来很多顾客，这时候他一看自己的地位很重要，就反过来跟你要价，说不给更多的钱就不干，你一生气把他开了。这样一来，你饭店的菜也做不好了，最后面临倒闭。

十几年前我开始做新东方的时候，周围的很多培训机构都是被优秀老师炒鱿鱼炒倒了。他们课上得很好，学生很满意，老师就开始向老板要价，老板自己不懂教学，又咽不下这口气，最后老师都跑到别的培训机构去了，老板就只能把学校关掉了。新东方当初能做下来很重要的一个原因是我自己就是个"大厨师"，也就是说新东方当时开设的很多课程，我自己都能教，因此我的老师在拿到他们觉得比较满意的工资时，就不会跟我提出非分的要求。他们知道，一旦提出过分要求，我自己能把他们的课给上了，同时又不会对新东方造成太大伤害。

所以，当你白手起家、身无分文或者资金有限时，有一个重要前提：你必须是你创业的这个领域的专家，是一个能控制住专业局面的人。比如你开一家软件设计公司，自己都不懂软件，你首先把控不了质量，其次把控不了人才，会很麻烦。

这是第二点，就是原则上必须在想创业的这个领域具备相当的专业知识，达到专业水平，才能有对专业的把控能力。

第三个能力是营销能力

一旦开始创业，你该怎么做？比如你的公司开了，产品也造出来了，下一步怎么办？如果产品造出来没人买的话，公司就白开了，有无数公司都是开起来最后却关门了，其根本原因之一就是他们不懂如何推销自己的产品，如何推销自己的公司品牌。因此，我们要做的是把公司"卖"出去，一个是卖公司的产品，另一个更重要的是随着产品的销售，卖出公司的品牌，就是说让大众认可你公司的品牌，让大家都知道这个产品是从你的公司卖出来的。

这就涉及营销，营销分两部分：实的营销和虚的营销。所谓实的营销，比如我做新东方，营销的是新东方的课程，告诉学生为什么要来上这个课，上完能有什么收获。但是无数培训机构一直以来也在营销课程，却始终只是小机构，而新东方能做大，为什么？很简单，因为我们营销了品牌。

人们不是因为听到新东方有什么课程而来上课，而仅仅只是听到"新东方"三个字就来上课，这个时候品牌营销就算是成功了。这就是虚的营销。在中国做企业，品牌营销往往还跟个人营销结合在一起，就是说你个人的形象有时候能代表企业形象，所以往往要把个人的道德、行为和企业的道德、行为结合起来。比如很多人讲到新东方的时候会说，新东方就是俞敏洪，俞敏洪就是新东方；讲到联想的时候会说，联想就是柳传志，柳传志就是联想。

因此，**在中国，个人品牌的成长在很大程度上就是企业品牌的成长，而企业品牌的成长倒过来也带动个人品牌的成长，这两个加起来形成你公司强有力的虚的营销**。加上你的产品本身也能被老百姓接受，这样产品才会有价值。

举个例子，一家生产鞋的公司，没有任何名气，尽管鞋的质量跟著名品牌鞋的质量不相上下，但品牌鞋卖1000块钱，它的鞋也许只能卖100块钱，这中间差的900块钱是怎么来的呢？是品牌营销，你没品牌，所以价格提不高。

所以，**一家公司要成功，品牌营销有时候甚至比产品营销还要重要，品牌营销的价值是无限的**。这就是为什么我们中国造的包只能卖1000人民币，同样材质的包印上LV的标志之后就能卖10万元人民币，背后都是品牌价值在起作用。所以，利用营销能力把产品推销出去，把品牌推销出去，把自己推销出去，变成了企业发展的一个重要手段，也是创业者必须具备的能力。

第四个能力是转化能力

第一种转化是把科学技术转化成生产力，这是我们常说的一句话。你拥有了技术，拥有了能力，但没法转化成产品卖出去，这是不行的。像比尔·盖茨要是一辈子待在实验室的话，我估计他就是个穷光蛋。他把自己的研究成果转化成了微软产品，推销到全世界，他就成了全世界的首富。所以，把科学技术转化成生产力、转化成产品的能力是非常重要的。

第二种是转化个人的能力。一般情况下，知识分子创业都有一个前提条件，就是能把在大学里学的专业知识转化为社会能力、管理能力。比如我从北大出来，完全不知道社会是什么样子，如果抱着书生意气，抱着在学校里的那种单纯思想和行为方式去干事情，难度会比较大。

因此，如果你不能把大学里的专业能力转化为社会能力、管理能力，就会很麻烦。你管自己一个人的时候也许管得很好，但管一帮人并不一定能管好，那么你就需要学会从管自己一个人转换成管一帮人，也就是说把专业能力转化成综合能力，把专业才能转化成领导才能。

这种转化要经历很痛苦的过程。我个人从北大出来，到最后觉得自己当了新东方的领导，管着100多人的团体管得比较得心应手，至少花了五年的时间。能力是能成长的，现在我在新东方管着几万人的教师和员工，依然没出现什么大的差错，表明我的管理能力的增强。所以，人的能力是在不断转化的，关键是你自己要努力去转化。比如有很多大学生性格很内向，不愿意跟社会人士打交道，但你要想创业的话，人际交道是不能不打的，不打的话你就封闭了自己，同时把可能成功的机会也封闭了。

第五个能力是社交能力

进入社会，首先你要理解社会，要理解别人为什么要这么做。比如我刚开始出来的时候，社会上那些风气、三教九流，我完全不懂，跟他们打交道的时候觉得特别吃力，新东方的发展也处处受制于人，一会儿居委会的老太太来把我骂一顿，一会儿城管的人来了又把我罚一通，最后弄得没办法，我慢慢学会了心态平和，去理解这些社会上的人。最后当你开始混迹于这个社会，并且思想和境界又超越这个社会的时候，你大概就能干出点事情来了。

你不能显示出不愿意跟社会打交道的样子，但你看事情的眼光又是超越社会的，"大隐隐于市，小隐隐于山"就是这个概念。小的隐士、没有什么出息的隐士才跑到山里隐居起来，不愿意跟社会打交道，那些大的圣人、智者都是在社会中跟人打交道而思想境界又超于社会的人。做企业也是这样，一个企业家如果不能和社会同存又不能超越社会，就会很麻烦。所以，我觉得社交能力对一个企业家或创业者来说十分重要。

第六个能力是用人能力

仅仅一个人做事情不能叫创业，那叫个体户。要想创业的话，就得找一帮人，你的合作伙伴、你的同事、你的下属，这些人从一开始你就得用对了，挑了没有能力的人，最后做不出事情来；挑了过于有能力的人，最后跟你造反，老跟你过不去，你也做不出事情来。把人招进来了就得让人服你，因此就得展示你的个人魅力，还得展示你的判断能力、设计能力，让大家觉得跟着你走是有前途的，哪怕在最艰难的时候，大家也愿意跟着你。

阿里巴巴的马云之所以能成功，很大程度上要归因于他的个人魅力。

他有能力把一帮人聚在一起，给他们不高的工资，给他们承诺未来，这个未来到最后不知道能不能实现，但大家会有一个期盼。所以，用人能力是有巨大力量的，是领导能力的一个典型体现。

当刘邦打下天下，手下问他为什么能做到的时候，他说了这样一番话：其实我自己一点本领都没有，但我能用萧何、韩信、张良等这样的人才，是他们帮助我打天下；项羽身边只有一个范增，他都没有能力好好用上，最后一定会被我抓起来。这就体现了领导能力的重要作用，一个孤军奋战的人也许能成为英雄，但他不能成就事业。

不管刘邦有没有打过仗，他都是我们心目中的英雄，还是领袖，因为他创建了一个几百年的帝国朝代，容纳了那么多有识之士。所以，用人能力对我们来说是非常重要的。假如新东方没有相当一批人才，是走不到今天的。新东方有一句话叫"一只土鳖带着一群海龟在这儿干"，这只"土鳖"就是我，而"海龟"就是围绕在我身边的新东方的几十名高层管理者，他们大部分都是海外留学归来的。

海归本身眼界是比较高的，很多人的眼睛都长在额头上，是很容易看不起土鳖的，所以我必须抱着为他们服务的心态，同时自己的学习能力必须超强，在很多方面必须接近甚至超越他们，他们才会服你，才会跟着你干。当然，当你想做出一番大事业的时候，会发现身边的人越来越多，各种各样个性、想法的人越来越多，你要能把他们统一在一起，既要运用利益的杠杆，又要动用感情的杠杆、事业的杠杆，把他们完美地结合在一起，是一件挺不容易的事情。

第七个能力是把控能力

把控能力包括几个方面，首先是对企业的把控。企业的发展速度是什么？发展节奏是什么？什么时候该增加投入？什么时候应该对产品进行研发？等等。其次是对人的把控。当一个人走进你的公司之后，他会根据自己的能力和贡献每天衡量自己到底应该得到什么，人与人之间永远会寻找一种平衡关系。人与人之间还有另外一种关系，就是每天都在衡量我在对方心中的分量到底有多重。当对方觉得你的分量重，他没有分量的时候，他是不会来跟你计较的；等到对方觉得他的才能、他的技术或者他的领导力已经达到能和你较劲的程度时，对方不提出来，那他就是傻瓜。

所以，人与人永远都处在一种平衡中，而这种平衡需要你对人性进行很深刻的了解，并且随时把握每个人的动向，满足他们的需求，同时还能压制住他们不合理的要求和欲望，能让他们跟你一条心，不断往前走。其实，对人的把控能力、对环境的把控能力、对企业发展步骤的把控能力，构成了你创业是否成功的重要条件。

第八个能力是革新能力

所谓革新能力，就是需要你不断把旧的东西去掉，把新的东西引进来，进行体制上的革新、制度上的革新、技术上的革新以及思想上的革新。

从我自己做事情的过程来看，一个人或者一个企业家成长的过程，就是不断否定自己的过去，承认自己的现在，追求自己的未来的过程。一旦你觉得现在这样就已经挺好，做成这样已经不错，就不会有更大的发展空间。我在新东方经历了无数次否定，新东方从个体户发展到家族店，然后变成哥们儿合伙制，接着变成国内股份制有限公司，然后发展成国际股份制有限公司，最后变成美国上市公司，每一个步骤都脱了一层皮，因为每一次改变都意味着要进行大量的利益改革和结构改造、大量的人事改革和改造，如果改不过来，企业就有可能面临崩溃。

当初跟我一个时期做外语培训班的人，很多到现在依然是夫妻店，这是我15年以前的状态，但新东方迅速把夫妻店改变成了现代化的企业，每年培训150万学生。每一次的改革都伴随着阵痛，但也伴随着发展。改革还得把握好步骤，如果改得不好，改得太猛了，企业也有可能崩溃；但如果停滞不走，也会崩溃。这就像中国的社会政治经济改革，如果想一步到位，一下子把所有东西都变成现代化，就会有危险。但中国若不改，就会陈旧落后，也很危险。

因此，每走一步都要小心，又不能不走。对创业的改革也非常重要，比如在技术方面，你不更新的话，最后就会失去市场，也会失去机会。在这一点上，我个人非常佩服苹果公司的老总史蒂夫·乔布斯。他刚开始在苹果公司，后来被苹果公司弄出去之后做动画片，电影也做得很好，后来又开始研究iPod，iPod还在热销的时候，他又开始研究iPhone，现在iPhone也在全世界热销。所以每走一步，他的思想都是超前的。尽管乔布斯后来去世了，但他依然不失为一位创新、革新的英雄和时代的弄潮儿。我们要做企业，就得向这样的人学习。

总而言之，以上提到的八种能力，是我觉得在创业中最重要的八种能力，也是人们能成就大事业的八种能力。

我为什么要二次创业

其实，人不存在所谓的一次创业、二次创业，一个人一生就是不断进步和突破自己的过程，人应该思考的是，到底用什么方式来突破自己。我觉得依据的原则有三个。

第一，任何人都不能拽着自己的头发脱离地球引力，一个人要根据自己拥有的资源和能力，依靠自己的理想和动力做事情。

如果你能轻轻松松把事情做成，那不叫能力，而是应该去做那种能把自己拔高的事情、能有某种挑战的事情，我们创业就是做这样的事情。如果创业者没有资源、没有能力，却定了非常高的目标，一定会失败。如果创业者资源、能力非常丰富，却做了一件小事情，这也很不合算。我们做事情一定是资源＋能力＋理想，最后出来的结果不是等于3，而应该是300，是这样的一个过程。

所以，你做的事情一定要比你现在的资源和能力大，但也不能大到你自己根本没法控制。我们洪泰圈里曾经流传着一份从2013年到现在创业互联网公司死掉的名单，我初步算了一下，有二三百家，大部分公司应该都是资源和能力没有配置好。

当初从北大出来的时候，我的资源和能力只能做一个小小的培训班；等培训班做到一定程度后，我发现我的资源和能力可以做一所大的学校；学校做大以后，我发现可以把学校开到全国各地去，再后来就做成了一家上市公司。

今天我的资源和能力应该能做比上市公司更加有意义的事情。就像有了钱不能存银行一样，因为银行的利息给得再高，连6%都不到，那是不值钱的。人生如果不去开拓新的领域，不冒风险，尽管一生可能会很保险，却是最不值得的人生。有人说，中国经济不好的一个原因是，中国人有的时候光存钱不投资，很多贪官贪完钱放在床底下，钱就变成了一堆废纸。如果钱都流通了，中国经济就会更上一层楼。钱只有在不断流通的过程中，才能创造价值。

现在我拥有丰富的经济资源、朋友资源和社会资源。在这种情况下，如果不把自己的资源整合起来做点事情，那就是一个傻瓜。

我这个状态不能算二次创业，因为新东方还在蓬勃发展，新东方本身是我创业的一片热土，也是我不断革新的一个地方。那为什么除了新东方以外，我还要做洪泰呢？因为涉及资源整合。

资源整合最重要的就是找到合适的合伙人。当初我做新东方找到了徐小平、王强，把新东方做强做大了。现在要做投资，也要找到合适的合伙人。后来，我碰到了盛希泰，我们俩一文一武、一张一弛，觉得很契合。当然，最重要的是理想一致、价值观一致。这样一打配合，我们俩就把洪泰做起来了。

第二，做任何事情都要顺应时代。

1991年我出来做培训，到1993年成立新东方就是顺应时代，因为那个时候，中央决定继续实行改革开放政策，允许中国学生自由出国留学，只要你能拿到奖学金。当时美国人比较愿意给中国留学生奖学金，因为中国优秀的留学生，包括北大、清华、复旦等校的学生，很愿意到美国学习，美国人盯的就是这帮学生。

当时很多中国的学生，包括徐小平、王强他们出国，本来不打算回来了，美国人对中国人才又非常看好。我当时看到的趋势是，这个时代需要中国学生到国外去留学，不用担心不回来。邓小平说了，中国每十个留学生，只要回来一个就划算了。我个人预计中国是需要留学生的，并且需要留学生带回伟大的科技时代。

张朝阳、李彦宏这些人基本都是国外留学回来创业，引爆了中国互联网的发展。尽管现在搜狐不能算互联网行业最大的网站，但确实是张朝阳从MIT（麻省理工学院）回来做的，那个时候是需要勇气的。所以，当时我觉得我抓住了时代，抓住了留学的脉搏。

现在为什么要做基金，要做天使投资呢？就是为了抓住时代。中国的创新创业的热潮其实已经开始十年了，已经形成了高潮。最新的一轮高潮就是"大众创业，万众创新"口号的提出，国家要通过创业和创新来调动年轻人的积极性，调动我们这样的人二次创业的积极性，这是国家经济后续增量发展的一个重要发动机。

在这种前提下，哪怕稍微迟钝一点的人，都应该能够抓住时代特征。因为人家都向你抛媚眼好几个月了，你还不知道对方想跟你交朋友，不是有病嘛。国家政策向我们年轻人抛媚眼，希望年轻人参与发展建设。当然，由于种种原因，比如像股市暂时出现了波折，还有很多钱都在做投机，并没有真正往实业方向走，我觉得这是一个国家经济发展的必然现象，关键看大势是否足够好。盛希泰做PE这么多年，把一家家大公司送上市，我在基层看到一个个年轻人创业，知道一个新时代正在来临。实际上，不是我们在做一个天使基金，而是这个时代在呼唤我们这样的人继续努力。

第三，人最怕被时代抛弃，并且最怕自己变老，所以像我们这样开始变老的人就必须跟年轻人合作。

我在洪泰基金成立会上专门发表了一个演讲，就是"一生与年轻人为伍"。发言最后我说了一句话，我说："希望在我去世后，如果全世界只有一个人到我的墓碑前面来拜访我，我希望这是一个年轻人。"当时刚好徐小平坐在第一排，我就加了一句说："最好不要是徐小平。"如果我都死了，他肯定是一个老态龙钟的老头了。

这句话还引起了徐小平的误解，觉得我是故意排斥他，其实不是那个意思。我想表达的意思是，一个像我们这样的人，从现在开始往后，不管活多久，都要牢牢记住毛主席说过的一句话："世界是你们的，也是我们的，但是归根结底是你们的。"我曾去俄罗斯专门参观了毛主席说这句话的地方——莫斯科大学。"归根结底是你们的"，我们可以用我们的管理经验、社会资源帮助年轻人尽可能把一家家新兴企业打造成功。

我曾看了一部电影，叫《模仿游戏》，讲的是第二次世界大战期间，英国杰出数学家图灵帮助盟军破译德国的密电码的故事。很多人都知道乔布斯创造的苹果品牌的标志是一个被咬掉了一口的苹果，据说就是因为图灵自杀的时候是咬苹果死的。图灵自杀是因为他是同性恋，当时同性恋是违法的，在二战结束后，他被调查，要不就蹲监狱，要不就进行激素治疗。当时他为了不中断自己的研究，选择了注射化学阉割激素。一年以后，他受不了了，把一个苹果泡在氰化钾中，咬了一口死掉了。

乔布斯用这个被咬掉一口的苹果作为标志，是因为他对图灵的崇拜。图灵做出过重要的贡献，如果没有图灵，二战至少会多延续2~3年，而且会多死掉1400万~2000万人。然而，这么一个民族英雄，最后被英国的同性恋法律憋死了。我为什么要说这个故事呢？其实中国的未来就是发现像乔布斯、图灵这样的年轻人，不断给他们宽松的环境，让他们来为世界创造发展契机，为人类谋求福利。

我觉得我们是拥有资源的普通人，所以我跟盛希泰下定决心，用我们的余生服务于创业者。盛希泰其实还是一个年轻人，因为他比我年轻了十岁，尽管他看上去比我还要成熟。与年轻人为伍绝对不是说到八九十岁还找一个二三十岁的小姑娘，而是真正让有激情的年轻人能通过和我们共同努力，来把这个世界打造得更加美丽。

很简单，资源能力的使用，迎合时代甚至引领时代，与年轻人为伍，跟上这个时代，使我们每时每刻都不停下前进的脚步。

以创新、创业参与时代发展大潮

我本人首先是一个创业者,在20多年前开始了新东方的创业历程,将新东方打造成了在美上市公司。后来我发现,只要你想创业,就不可能一次成功永久享受;只要你走上了做企业这条路,就要不断奋勇前进。

举个简单的例子。这两年移动互联网时代的到来给教育领域带来了天翻地覆的变化,我由一个不太懂移动互联网的人,在50岁的今天转型成了一个对互联网尤其是互联网和教育的结合进行深入研究的人。

另外一个原因是,我在十几年前就在做与年轻人创业相关的事情。一个朋友曾经跟我说,十年前就听过我的演讲,并且引发了创业的梦想。从当时对年轻人的评论、指点,到今天做真正服务于中国创业者的洪泰基金,这也是我自己身份的转型。

我的想法是,以我现在这个年龄,再真正深入科技一线,或者真正有突破性地创造一个商业模式,这样的可能性远远小于我把钱交给年轻人去做，这样更加能为中国的创业创新贡献力量，也可能会有新的科技成果或者有巨大发展潜力的公司涌现出来。

最看重这样的创业者：乐观主义、自我认可、舍得放弃

我想先谈谈我会投资什么样的创业者这个问题。

第一，我投资的人必须是一个乐观主义者。所谓的乐观主义，是他必须对事业的发展有信心，尤其是对中国的发展有信心，必须有对我们这个时代的认可。中国近几十年起起伏伏，虽然经历了各种困难和挫折，却是一个不断向上发展的时代。我本人从来没有起过到国外生活的念头，或者过多地考虑个人晚年享受的事情。我觉得更加重要的是，我们必须参与这个发展的时代，如果有可能的话，去引领这个时代。

通过创新创业这件事情来发展和引领这个时代，是一个最好的切入点。对我来说，如果一个年轻人本身对这个时代表示怀疑，我就不会给他投资。原因也非常简单，因为他对时代表示怀疑，意味着他看到了时代某些让他不舒服或失望的地方。我觉得任何一件事情，只要你对它表示失望，这件事情就没法干下去了。

我1991年从北大出来开始创业，这一路上遇到了很多事情。当时还没有邓小平的南方谈话，但我依然相信中国的发展一定会不断前行。所以，我希望我们理解的是，我们中国现在出现的一些现象，包括诚信体系不完善、反腐路上的障碍、社会结构调整等，都是飞速发展的社会必然会遇到的问题。如果你遇到一个必然会出现的问题时选择退缩，生活就没法过下去了。就像结婚以后，夫妻之间一定会发生矛盾，因为有矛盾你就不想过了，你就想离婚了，那就永远不会有家。

第二，我投资的人必须要自我认可。我觉得所有的创新、创业都是创业者对自己的认可。首先你得学会认可自己，认可自己是相信生命终会灿烂。我常常说人生有两种过法，一种是比较平庸地度过，比如说很多白领阶层的人或者我周围的一些朋友都不愿意放弃自己拥有的那点东西，那么也许可以过得很舒服也很平稳，但是没有奇迹发生。

1995年底我到美国去，大概拜访了七八位大学同学，我跟他们说我在中国做了一个新东方，还不够大，你们回来跟我一起把它做大，做大以后我们一起分享成果。很多人问的第一个问题就是，如果做失败了怎么办？但是，王强、徐小平这些人就说："你在大学期间是挺没出息的一个人，你都做成了事情，那我们回去肯定能做得更大。"所以，他们就回来了，而且没提过开多少工资的问题。

我的另一位在美国的同学也特别想回来，他说："老俞，你只要每年给我100万元人民币的工资，我就回来。"我说现在新东方一年的利润都没到100万元，我怎么可以给你开100万元的工资呢？结果他就没回来。等到2006年新东方在美国上市了，回来的同学都变成了亿万富翁，那个同学后来说："老俞，我当初真应该跟你回去。"我说："这个世界上没有想当初，因为当一切都已经为你准备好了，你再选择，那就不叫选择了。"

所谓选择，是在有风险的时候，你对自己的生命抱有希望，你对自己的事业抱有希望，你对与朋友的合作抱有希望，这是一种对自己的认可，也是对时代的认可。如果你没有冒险参与一件事情的激情，那么你就不可能享受在这个时代和一帮人做事情的成果。

第三，我投资的人必须要舍得放弃。创业是一个辛苦的过程，没有任何人能够保证创业成功，事实上有很多人出来创业，结果是失败的。我觉得我比较幸运，新东方从只有13个学生的一个班做到今天累计面授2000多万学员。

我觉得尽管创业是一个艰苦的过程，意味着你会放弃原来的很多东西，意味着冒险、挫折和失败，但是如果你不愿意去经受这样的挫折和失败，你不愿意放弃原有的生活，就意味着你永远只能在平庸的道路上走下去。就像我刚才说的那位大学同学，尽管他现在在美国的大学里也是一个不错的教授，但是他失去了参与中国这个轰轰烈烈时代的机会，我觉得这是人生最大的遗憾。

你的放弃就意味着你也在同时放弃平庸，走向创造；放弃迷茫，走向坚定。当然，也可能放弃以后你什么也得不到，依然是从平庸走向平庸，但是你要知道的是，反正你是平庸的，所以从平庸走向平庸，总比你一直待在那个地方平庸好，因为你至少已经走过了。

不喜欢这样的创业者：只想赚钱、急于求成

创业是一个长期的过程，创业者有两件事情我是不太喜欢的。第一件事情是，有人上来就说："俞老师，只要你给我投钱，我保证三年以后给你一家上市公司。"我就跟他说我要的不是上市公司，我要的是他做了有意义的事业，这个事业给社会增加了价值，完成了以上两点，如果能同时把它做成一家上市公司，我会非常开心。但是，如果他没有做成上市公司，依然在为社会做贡献，我也会非常开心。

我投的是一项事业，我投的是你这个人能为世界带来的某种增值，而不是给我本人带来的钱财。坦率地说，我要是为了个人享受，我就不用再去投资创业，况且还要承担投资失败的风险。我要的是参与你生命的灿烂，因为我的生命灿烂过了，再次灿烂肯定有困难，所以你的生命灿烂就等于我的生命灿烂，我要的是这种感觉。所以，你不要告诉我可以为我带来钱，带来钱是可以的，但是我更希望你带来别的东西。

第二件事，我不喜欢声称想要快速做成事情的。几个月前，我就提醒我投资的创业者，容易拿钱的时候不要随便乱花钱，因为在这个世界上，你根本就预料不到第二天你就可能融不到钱了。话音还没落，股市的波动就出现了，投资者开始变得头脑冷静了。紧接着很多项目拿钱的时候，就比原来要困难很多。

我喜欢的是循序渐进，一点一滴去把事情做大的人，这和创新变革并不矛盾。Facebook（脸书）在做大以前，扎克伯格也只是在自己的房间里做了两年大学的网站。新东方做了三年，一年只有5000名学生，但是现在每年有300万名学生在新东方学习。事情是一点一点来的，你的一辈子只要把一件大事做好就够了，并不是说两年就做成一件大事，一辈子做成100件大事，这样的人我反正没有发现。

创业是一个长期的过程，创业没有最后的成功，只有不断进步。每一个成功的企业家，不管年龄多大，依然在天天想着继续创业，柳传志、张瑞敏都是这样。海尔的创业创新是非常厉害的，柳传志把联想电子送上市了，又把联想控股送上市，所有投资的项目都是创新创业项目。每个人都在想着如何让自己生命的灿烂得到延长。马云和马化腾就更不用说了，他们既是竞争者又是合作者，推动了中国现代移动互联网往大数据、云计算方向发展，但是他们每天都在想着第二天是不是会被竞争对手超越。大家可能会想，像新东方这样的传统行业，只是一家培训机构，但是现在新东方的技术人员已经接近500人。

所以，你不要想一下子就能成功，何况作为年轻人，我觉得更加可以轻装上阵，最后通过自己的事业走向更远的未来，这非常重要。尽管我们有的时候也会感到很疲惫，但是当面对未来世界的时候，依然会感到兴奋。我常常说，如果面对未来世界依然感到兴奋，我自己就还是一个创业者。

创业最重要的三件事：坚持理想、走正道、突破创新

创业需要什么？首先，需要坚持，最重要的是坚持理想。创业不是为了钱，是为了某种理想的实现。尽管我做新东方最初确实是为了钱，因为出国留学没有奖学金，希望自己挣学费。

但是，当我发现生活费已经解决了，甚至出国的学费也已经解决了的时候，我选择了放弃出国学习。原因是我突然发现，每天帮助年轻人成长，让年轻人的考试能多提高一分，使他们能争取到进入世界名牌大学的机会，这件事情的意义远远超出了我本人能赚多少钱。所以，到今天为止，我还在坚持做新东方。我觉得这是我坚持理想的最好标志，因为在这20多年中，我有很多机会去做赚钱的事情，比如投身房地产。之所以没去做，就是因为我坚定地认为人生只能做一件大事，我认为这件大事对我来说就是教育。

其次，一定要坚持正确的方法和路径。如果一些政府领导干部真正有政治理想，就永远不会走上歪路。因为我认为，一个人的政治理想和政客理想是完全不同的概念，一个人想当官的理想和想要为人民服务的理想，又是完全不同的境界。做企业也是这样的，想赚钱是低境界，想通过自己的企业为社会做贡献是高境界。

所以，马云希望让天下没有难做的生意，马化腾希望中国乃至世界所有人的交流没有障碍，李彦宏希望千万信息一搜即得，俞敏洪希望通过教育来改变普通人的卑微人生，让他们走向辉煌。这都是理念的引领，只有在理念的引领下，后面所做的事情才会正确。

最后，我也希望所有创业者能不断突破，而不是模仿。我大概看过至少上千个创业项目，真正有创新意识、有突破意识的项目，坦率地说不到10%，真正有科技创新突破的不到5%。中国未来的发展既要商业大盘子的发展，更需要我们真正有创新的项目带来中国高科技的突破并引领世界科技浪潮。

我想对各位创业者说，哪怕再艰苦一点，如果你有真正的高科技创新项目，一定要坚持下去，这是国家的希望所在，也是我们中国的创新公司能够赶上并且超过世界创新公司的关键所在。

此外，在这样一个比较喧嚣的世界中，我希望所有创业者都能保持自己的家国情怀。"情怀"是一个已经被用烂的词，但是当我以前在清华大学做有关家国情怀的报告时，我依然受到了清华大学学生的热烈欢迎，这篇文章在网上的点击量以百万计。这表明其实每一个人都不想蝇营狗苟地卑微一辈子，都希望自己的生命能跟家庭、国家、民族、时代的发展紧密结合起来。

如果一个创业者能向我展示以上所说的素质，只要其中有两三点让我感到眼前一亮，我会毫不犹豫地把口袋里的钱掏出来。

搭建公司组织结构是一门艺术

光有热血，还不够

人生如果一辈子不创业的话，永远是一件遗憾的事情。中国的口号叫作"大众创业，万众创新"，我觉得把"创业"和"创新"放在一起，是一个特别有意思的现象，而且是一个特别好的现象，因为我们创业就必须跟创新的人在一起。

创新有两个概念：第一，通过创业创新我们自己的生命；第二，通过创新来改变原来某种比较传统落后、低效的现象，包括公司结构、商业模式、某种制度。现在都在弘扬合伙人制度，这个制度的讨论来自一部电影——《中国合伙人》。这部电影很火，但是所有制度变革以及人与人之间包括合伙人之间的关系问题，都不像电影里描述的那么浪漫。

所谓创业，并不一定要你一个人做，可以一群人一起做，你可以变成创业队伍中的一员，变成创业队伍中的引导者。这根据你当时当地的机会，根据你的个性以及你加入时的状态来定。

创业是不是凭着满腔热血就能做成？汉高祖刘邦其实是一个没有太大创业热情的人，因为他在当时是一个亭长，相当于现在的镇长，县里的管理干部都是他的好朋友，没事喝喝酒、聊聊天，他觉得，没有必要造反。但是，刘邦反而成功了。为什么？

这其中包含一个重要的创业观点，就是一个人真正的成功，要有配合的背景基础。所以，我现在特别害怕我们的创业者什么都没想好，什么经验都没有，大学还没毕业就开始创业。当然，我不是说大学没有毕业就不能创业，比尔·盖茨和乔布斯都是大学没有毕业就创业，包括现在Facebook（脸书）的老总，他也是大学没有毕业就创业了。我想说的是，任何一个创业者必须做好充分的准备，创业成功的可能才会比较大。

这些准备到底是什么？大学生没毕业就成功创业的，在中国少一些，美国多一些。因为美国的社会机制比我们更加简单。一个人有了好的想法、好的项目，尤其是好的技术以后，只要继续做就可以了。当你组建团队时，团队的每个成员都知道自己的角色是什么，到底什么该做，什么不该做。然而，中国的大学生创业者组建团队时，每个人都想当老板。所以，我们会发现美国的大学生创业比赛的成功率要高，因为它的商业模式、社会结构、人员定位、创投基金对企业的支持要比中国的更加成熟。

回过来说创业的时候，我最怕碰到一些热血青年拿着一份项目计划书，什么都没准备好，既没有人生经历，也没有创业经验，找到我就说："俞老师，你给我钱吧，给我钱就开始创业。"现在都已经到什么地步了呢？创业计划书就是用一张纸写出一个想法，自己估值2000万~5000万元人民币，说："俞老师，你得给钱，你不给我就不走。"

这当然是中国创新创业发展的一个现象，但是更加重要的是，很多人都没有想清楚创业到底要干什么。

组织结构崩盘的几个教训

我们再回到刘邦这个话题，刘邦为什么会成功？刘邦成功的原因其实特别简单：

第一，他有足够的社会经验和背景。因为他本身就是个小官僚，知道中国的官僚体系到底是怎么回事，知道如果一件事情要做起来的话，搭建人才结构和组织结构的重要性。当时的造反派，远远不止刘邦和项羽两个人。只有刘邦是在最开始就着手搭建人才结构和组织结构的，并把这个结构搭建得非常好。

第二，刘邦知道什么人应该用在什么地方，从来没有乱用人，每一个人都用得非常到位。

第三，刘邦用的这些人帮他搭建了一个很好的创业团队。

第四，国家还没有成立的时候，刘邦的组织结构就已经搭建起来了。

不要以为公司的组织结构不重要，很多人都知道开心网，它本来应该成为中国最大、最好的互联网平台，最后成为一家年收入几千万元的游戏公司。他的创始人在回顾的过程中，认为自己纯粹专注于技术，但是忘了在最关键的时刻搭建公司的组织结构。

还有一个典型例子——凡客。其实我还是其中的股东。我觉得凡客的口号、宣传做得非常好，在凡客处于上升期的时候，我对它是绝对看好的，只要它沿着原来的发展思路，再把公司组织结构做好，往前走就非常好了。但是，凡客犯了一个严重的错误，就是为了投资人的愿望和上市，拼命追求公司要有更大的规模。我当时都买凡客的东西，凡客本来应该卖跟青年时尚相关的东西，但是因为组织架构的问题，最后崩盘了，没有了监控，所有东西都开始卖。直到有一天，创始人陈年走到库房里看到什么都卖，发现不对了，等到发现不对时，已经回不来了。这是什么概念呢？在公司发展的过程中，组织结构不严密以及管理上失控，造成第二步的困难。

如果每一件事情真的那么容易干成，项羽为什么会失败？项羽犯了两个错误：第一，他认为自己是全天下最优秀的人才。项羽手下是没有谋士、没有将领的，他们绝大多数都被项羽气跑了，只有一个亚父范增留下来，最后也被气跑了。

第二，项羽认为自己只要下一个指令就行了，没有一点组织结构概念。所以，他打下了整个秦帝国以后，只做了一件事情，就是分封。他没有想过要造一个帝国，他想着衣锦还乡，他完全不听任何意见和建议，最后的结果就是兵败。

他本质上没有构建承载所有业务的组织结构和平台。所以，创业不是说说就能成功的。很多创业项目做到一半就没有了，原因是创业者本身就没有做好准备，不是切入的项目不好。

不读书不行

我做新东方以前，在知识上的储备量一定是足够的。到今天为止，我每年还要坚持读60本书以上。不读书意味着没有学识，意味着不了解事件。读书，哪怕翻翻都是好的。所以，到现在为止，我每个星期还要去一趟书店。尽管我每周都买至少10本电子书，但是我还会到书店去，因为有一些最新出版的书是没有办法马上获得电子书的。

在微信上，如果你的朋友比较多，你可以加入一些很有意思的群体，就会有很有思想的文章出现，把那些有思想的文章收藏起来阅读，读完以后做笔记，就变成一个好习惯。在阅读时，我会把微信上的文章复制粘贴下来，读完后，将其中最重要的观点做成PPT。

从2016年1月到现在，我的PPT已经接近600张了。600张PPT意味着有600个重要观点加入进来。我们很多人都可以这么做，这是知识积累。

我从北大出来做新东方，至少已经读了两三千本书了。在北大当了六年半的英文老师，我的英文水平已经练到可以教任意一门课。这些都是为创业做的积累。

不要为了创业而创业

很多人都知道，从2015年初开始到现在，中国拿到风险投资的公司至少有5000家，已经倒闭的大概有3000多家，我投的公司也有好几家倒闭。后来我去分析这些倒闭的公司的特征，很多情况下不仅仅是商业模式的问题，更多的是创始人本身没有做好准备，导致最后出现不可收拾的局面。

真正伟大的创业项目有个特征——创始人本身无比喜欢这件事情，是因为喜欢这件事情才要去做这件事情。

我曾去看葛俊的飞行模拟舱，并当即决定要投资这个项目。原因非常简单，他们是一些不懂飞行的人，但是硬是制造出了世界先进水平的飞行模拟舱。他们是真心热爱，而我投资的是热爱背后的市场。很多人都有驾驶飞机梦，我就在葛俊的飞行模拟舱试驾了半个小时的波音737-800，真的感觉像在驾驶飞机。同时，如果每个人都加入飞行教育的话，会使中国未来的飞行技术和航空领域的发展变得极其有前景。

最后，我想说，作为一个创业者，你真想创业的话，打造自己比打造任何东西都更加重要。打造自己要打造两个方面：

第一，打造自己的领袖气质，打造自己的领导能力。这个领导能力包括带团队的能力、商业模式转型的能力、跟政府和市场合作的能力，这些都非常重要。如果把新东方交给20年前的我，我做两天就会把新东方做黄了，但是今天我做新东方觉得还是比较驾轻就熟的，因为我的能力随着公司发展提升了。

第二，打造你的团队，就像刘邦打造他的团队一样。只有把团队打造起来了，每个人都去做自己该做的事情，最后你的团队加起来，由一根手指头变成一只拳头，甚至变成十只拳头，才能把事业做出来。

创业不是头脑一热、不顾一切

"双创"活动在全国轰轰烈烈已经开展了差不多两年。其实，中国的创业早就在几十年前开始了。我已经算是中国中游的创业者，在我之前还有柳传志他们，比我早了差不多十年。

中国的经济发展到今天，经济的繁荣、国家的昌盛跟创业可以说是密切相关的。"大众创业、万众创新"口号的提出，可以说标志着创业进入了一个新时代。

这个时代有两个特征，第一个是创业者更加年轻化。我们当初出来创业的时候一般都是30岁左右，通过这两年跟创业者接触，我发现一些有创意的创业者一般都在25岁左右，要比我们那个时候年轻很多。

第二个，现在任何行业的创业者都和高科技密切相关，尤其是跟互联网相关，或者说跟移动时代相关。创业不再是单纯地做一件生意，而是一种连接，把业务、商业模式、人和市场连接起来的一个活动。

要创业，要有准备地创业

我对创业的看法主要有两点：

第一，我觉得一个人的一生是非要创业不可的。当然，创业有多种形式，你可以一个人创业，也可以一群人创业，也可以加盟创业。但创业这件事意味着什么呢？意味着你在为自己的生命做主场，意味着你在为自己的才能搭建舞台和平台，所以我是一直鼓励创业的。

第二，我认为创业是需要准备的。我不希望我们头脑一热就背上书包，把家里的存款通通取出来去创业。我认为，创业需要基础。比如说我当初能把新东方做成功，是因为我在北大有了几年的教学经验，并且在北大的时候，我就开始做培训班，为别人做、为自己做。到1993年成立新东方的时候，其实我在培训领域已经有三到四年的工作经验，所以在自己创业的时候比较容易成功。

我反对我们脑袋一拍、头脑一热，自己不管一切地投入创业。我觉得人应该打有准备之仗，这个仗可以冒险，但是不至于说你完全没有取胜的把握，就把自己的身家性命全部扔进去了。

基于这两点，我的建议就是：第一，要创业；第二，要有准备地创业，使自己在人生道路上得到好的机会、好的成长和好的事业。

创业的核心要素：商业模式、创业领袖、创业团队

就我自己的身份而言，我首先是个创业者，我从20多年前开始创立新东方。新东方现在光子公司就有几十家，每一家子公司都是一个创业项目。尽管是基于新东方平台的创业，但是它们不会脱离创业项目的逻辑。

同时，我本人又是一个投资者。因为在新东方成功以后，新东方本身就要投资很多相关联的产业链和生态链中的项目，现在新东方已经投资了二三十个项目。

同时，我又是一个独立的投资人。其实在10年前，李开复的创新工场作为第一家创客空间在北京创办的时候，我既是他的GP（普通合伙人），又是LP（有限合伙人）。我很早就加入了中国创新创业投资的行列。尤其是我跟我的朋友盛希泰一起成立洪泰基金这样一个天使投资基金后，我跟创业者的关系就越来越密切。

我自己作为老创业者，有一整套对预见项目、预见事情、怎么能干成的比较好的观点和看法。当然也可能是顽固僵化的观点，因为在现在这个互联网时代，任何过去的经验，似乎都不足以俯瞰未来的成功。

作为投资人，我们希望每一笔钱花出去都是有回报的，现在我们对创业者的判断会变得非常苛刻。在这个意义上，我作为一个创业出身的投资人，对创业的判断一般来说都会落到实处。

尽管我也关注跟互联网相关的各种创业项目的一些数据，包括日活、月活、注册人数等，但是其实我内心知道，大量的项目数据都是有水分的。对我来说，尽管我关注项目，但是我更加关注项目背后的商业模式。如果你告诉我你有1000万用户，那我就会问你1000万用户是如何转化成可以收费的用户的。如果1000万用户转化成收费用户的时候只有几十个人或者上百人，而且这个费用还可能少一点，那我认为这个商业模式就是有问题的。

所以，从我比较传统的观点来看，我认为一个商业模式尽管数据很重要，但是数据背后能转化成真正的商业模式的、可长久发展的体系会更加重要。

尽管在头脑发热的时候，尤其是在经济发热的时候，大家会抢，比如在差不多O2O最兴旺的时候，大家拼命地抢数据不错的项目。但是事实证明了那些数据不错的项目到最后都遇到了重大的困境，而在这样的困境中，那些真正关注商业模式的执行项目，反而不光活了过来，而且还进行了A轮、B轮的后续融资。这是第一。

第二，我所关注的实际上就是创业者本人，作为第一创始人，你开始创业以后，你本人有没有可发展的实力和潜质，这其实也非常重要。因为在中国有大量的项目，其实创业者想到了一个创新模式、一个创新思维，甚至最后公司估值都估到了10亿元人民币，甚至10亿美元以上。可是到最后，公司依然被做垮了，依然被做没了。我分析了一下，出现这个结果最主要的原因，是创业者没有把公司带向下一个发展平台的素质，而且有一些创业者是以技术为主，有一些创业者是以营销为主，但是他们恰恰缺乏把整个公司变成一个大平台，把整个公司变成从人力资源到行政管理，到和公关政府合作，以及到商业模式能完整地结合起来，并且把整个团队引领到下一个阶段的才能。

这种情况一旦出现的话，表面上这个项目可能暂时做得不错，但是实际上最后当考验到这个创业者是不是一个真正的企业领导人时，这个困境就会来临。其实就我本人而言，我判断创业者的时候，首先判断的不是他的技术能力有多高，尽管这一点很重要，也不是仅仅判断他的商业模式有多好，而是判断他是不是能把这个商业模式真正变成未来的一家伟大的企业。

第三个要素就是团队成员的组合。我比较担心的是，四五个人、七八个人喝顿酒，吃顿饭，凑成了一个创业团队，最后每人拿着10%~20%的股份说："哥们儿，我们开干吧。"干到最后发现这个团队是一帮乌合之众，要么没有一个真正的团队分工，要么没有一个良好的团队合作和未来发展的机制。这样的团队常常会比较容易出问题。我在过去两年之间对这样的团队进行过跟踪，最后发现80%的团队都散架了，原因是团队没有核心人物，没有核心分工。

我还发现，反而有一种团队比较容易稳健，就是创始人先一个人开始了一个创始项目，到最后由于创始项目需要人才，不断地到外面去挖人才，人才加入，变成了相当于创始人之后的第二创始团队的时候，更加容易有领导和团队的组合，反而能使这个项目走得更远。

总而言之，这三点是我投资创业项目的时候最关注的三点。

第一是实实在在的商业模式，当然这个只能从我的眼光来看，也许我的眼光是不够的。第二就是实实在在的创业领袖。第三是实实在在的创业团队。这三个加在一起，这个项目再稳健地抓住机会往前发展，存活并且壮大的可能性就会非常大。

遇到挑战并不可怕，重要的是怎样面对挑战

新东方在发展过程中遇到了一次又一次危机。新东方曾经经历过美国对中国的封闭时代，在"9·11"事件以后，即使是拿到哈佛大学、耶鲁大学奖学金的人都不允许出国。当时新东方的唯一业务就是出国考试业务，但是在这个过程中，新东方非常敏锐机智地开发了英国、澳大利亚等其他市场，然后我们回过来再跟美国人说："你如果不开放，你们美国的教育将在中国没有任何影响力。"美国人终于认为我们说的是对的。

2002年，美国ETS（美国教育考试服务中心）跟我们打官司打得死去活来，非要置新东方于死地而后快。但是后来，美国ETS为新东方颁发了ETS杰出合作者贡献奖。对我们来说，每一次的挑战可能都是机遇。

我还记得2003年当"非典"到来的时候，我不得不向我的朋友借了2000万元人民币，用来支付给学生的退款。由于我们坚持诚信、负责，当"非典"过去以后，新东方一个暑假收回的款项就达到上亿元人民币。

新东方上市其实给我们带来了更多的挑战。无数培训机构在中国拔地而起，因为很多人觉得既然新东方作为培训机构能上市赚钱，他们为什么不能？所以大量热钱涌入。但是今天，新东方依然是全国培训机构中最大的。当移动互联网到来的时候，每个人都喊着颠覆，新东方再次迎接挑战，积极变革。我相信当繁华落尽、浪潮退去的时候，新东方一定能结出丰硕果实，并开启新的未来。

对我们来说，遇到挑战并不可怕，重要的是用什么心态去面对挑战，把每一个挑战变成我们的新机遇和新东方品牌进一步提升的机会。2014年公布的中国品牌排名，是一个完全中立的机构的调查评估结果，新东方排第34位，今年（2015年）我们上升到了第31位。我希望我们能用5年的时间，让新东方走向中国的前10位。现在，我们已经做得非常好了，但我们还需要继续努力。

我们在挑战中成长，在机遇中发现商机，但是在挑战和机遇中，更重要的是我们面对挑战的勇气和面对机遇的引领能力。也许挑战永远不会停止，因为在这样一个伟大的时代，变化每时每刻都在发生。新时代，新机遇，我们也要有新生命。所以，我借着一首歌《年轻的战场》的歌词来表达我的心情：

> 今天我终于站在这年轻的战场
> 请你给我一束爱的光芒
> 今天我将要走向这胜利的远方
> 我要把这世界为你点亮
> 我的梦想在每个醒来的早晨敲打我的心房

告诉自己成功的道路还很漫长

我的梦想在每次把握机会表达自我主张

展现给你年轻

但一样宽阔的胸膛

所有经历风雨的温柔与坚强

所有青春无悔烦恼与成长

所有奔向未来的理想与张扬

所有冲破捆绑的热爱与癫狂

今天我终于站在这年轻的战场

请你为我骄傲鼓掌

今天我将要走向这胜利的远方

我要让这世界为我激荡

用这首歌来为我们每一个人鼓劲，希望我们能在新东方这个越来越年轻的战场上挥洒自己的才华，共创辉煌！

看好时代，做好自己

每个人都要看好时代，做好自己。对于如何做好自己，我认为有三个要素：

第一，要想办法突破自己。人都是有很多短板、障碍的，比如你好面子，失败了就不愿意再爬起来。如果你不突破自己，或者说得直截了当一点，不死皮赖脸的话，很多事情是做不起来的。脸皮一薄就不敢去冒险，面对失败，觉得算了吧，我不是这块料。

所以，不管遇到什么失败，一定要想办法再起来。我之所以有今天这个地位，是因为我通过不懈的努力，最终考上了北大。

第二，要拥抱变化，而且要引领变化，但也不能随便变。我最近在新东方内部讲话中说道，最重要的就是要定心。现在有无数的移动互联网时代的商业模式，但是教育的本质到底是什么，我们到底应该用什么样的教育模式来为家长和学生提供最真实、最好的服务，并且能让老师得到最好的发挥？

　　所以，这并不是一个O2O或者C2C能够一下子解决的问题。从几年前到现在，无数人在说要颠覆新东方，其中有一半公司已经把自己给颠覆了，而我们新东方还在。因此，拥抱改变不是随便改变，而是看准了方向，勇往直前地去引领这个时代。如果随便变的话，就变成了墙头草，迎风倒。现在无数的商业模式是跟风来的，说把医生和病人进行对接，把医院去掉，把学生和老师进行对接，把学校去掉，这些想法是好的，但到底怎么做，这个商业模式最终是不是能成立，是需要认真去思考的。所以，拥抱变化意味着看准了方向再拥抱变化。

　　第三，坚持理想。我相信，大部分人创业都是充满激情的，我也相信大部分创业的人对自己做的事都是真的热爱的。但我依然强调一点，这个世界上只有真正热爱一件事情，并且矢志不渝的人才能真正把事情做好。如果你就是为了做一家公司，像"猪"一样卖掉，之后身价提升，尽管也可能会做到，但是想变成一个伟大的人，是一点希望都没有的。

　　所有人都在坚持。马化腾坚持把人与人之间没有条件地连接起来，马云坚持让天下没有难做的生意，李彦宏坚持让所有信息一搜即得，俞敏洪坚持教育必然改变一个人的人生。到现在为止，我们这些人基本上没有做别的，所有中间并购等行为都是围绕这些理想进行的。只有理想能引领你的人生和事业走得更远更高，而不是投机取巧。所以，我希望所有创业者都是坚持理想、顺便赚钱的人。

把创业当作终生事业的来源

我特别不喜欢安分守己的生活状态，我唯一没有打破的稳定就是我自己的婚姻家庭。新东方本身也在不断地创业，内部创业的公司都已经十几家了。

我们这样的人已经取得了一定的成就，但是创新能力、追随世界技术发展的能力已经赶不上时代，包括知识结构可能都赶不上的时候，我们要做的是交换。我用我的资源来交换年轻人的头脑，变成你的一分子还不行吗？这样的话，我就跟年轻人死死地捆在一起了。尽管也有年轻人创业做着做着做没了，但我相信总有人能做成。因此，我和朋友盛希泰一起成立了洪泰基金，专门支持年轻人创业。这些年轻人如果接受了你的想法和热情，他们中间也许就会出现在某个领域起到颠覆性或发展性作用的人物，这是我的理想。

我对自己的生命是充满热情的，读了不少书，也走了很多路。到现在为止，我每年都要花一个多月时间去旅行，还会写旅行日记。我曾跟大冰交流，他写过一本书，里面说的一些话特别好，说一个人如果一辈子只知道过朝九晚五的生活，没有任何变化的话，那么人生是白过的；但如果这一辈子只知道流浪，把流浪本身变成目的，也是白过的。

人生就是在有目标、必须坚持的朝九晚五以及无目标、自由自在的状态中进行切换和选择，最终让人生达到丰富多彩的目的。回头看的时候会发现，人生没有白来一趟。

所以，我觉得最重要的是有理想、有目标，让生命充满激情，不怕失败，把创业当作自己终生事业的来源，为社会带来贡献，最后带来花钱的自由、身心的自由、帮助别人的自由，这些都是我们创业的核心动力。

我们在创业过程中也在不知不觉地帮助中国经济实现转型，创新创业只有在民间才能干成，因为所有的资源都会向民间倾斜。中国经济会慢慢走上腾飞之路，而我们身处其中，每个人都起到了作用。所以，今天我们做的事情真的非常有意义，让我们共同努力。

找靠谱的人，做伟大的事，分更多的钱

我在新东方主要弘扬三句话，叫：找靠谱的人，做伟大的事，分更多的钱。

找靠谱的人

我们每个人反观自身，都要去想一想，你是不是一直在成长？你做的工作是不是合格的？你是不是能找到机会，并通过自己的努力晋升到更高级别的岗位上去，或者说为自己寻找更大的发展舞台？这个舞台当然最好是新东方，但是当你发现新东方的舞台太小，你愿意去外面时，我也不反对，但是有一个前提条件，就是你必须把自己变成一个靠谱的人。也常有人说，靠谱的人的定义是什么？如果让我来说靠谱的人的定义，特别简单。一个靠谱的人首先就是自我成长的人，每天、每周、每月、每年都发现自己比原来取得了更大的进步，获得了更大的能力，获得了更多的人生

经验，这样做事情就会越来越靠谱。

新东方新的教学理念叫"终身学习、全球视野、独立人格"，所有这些都跟我们的进步相关——你要学才能终身学习，才能有终身学习的能力；你要拥有全球视野，读书和学习非常重要；独立人格最核心的东西就是得有头脑，能独立思考，看问题能摆脱别人的影响，摆脱某种教条束缚看到问题的本质，这些东西都叫独立人格。

基于这个教学理念，我曾在岳麓书院的所在地长沙（我觉得也是个有象征意义的地方，因为长沙是中国的文化名城）专门提了阅读的要求。我要求新东方在全国的各个机构必须扩大图书室，在给员工发奖品的时候必须发阅读器，比如kindle这样的电子阅读器，同时每年专门要给员工送两到三本优秀的书。

还有一个要求很重要，就是在一个财年必须读完20本书。每年6月份集团开表彰大会，会选五六百人到集团去，成为集团的优秀老师、优秀员工、优秀管理者，被评上优秀的时候，你必须诚实地告诉大家你有没有读完20本书。有员工会说我读不读你反正不知道，我随便编20本书就行了。这个我们也不考核，我只是希望新东方的人真的能变成中国的一批读书人。

我为什么要提这样的要求呢？因为一个人要想自我成长，成为所谓靠谱的人，就必须读书。

第一是做靠谱的人，第二是做人。读书和做人是两个不同的概念，我们有的时候会发现一个人读书越多越糊涂。在北大，有一批教授心胸很狭隘。他们在课堂上能把自己的专业知识讲得头头是道，但一旦涉及做人的时候，写黑信、告状信的，为了一个晋升名额互相扯皮、揪头发的情况比比皆是。这就变成了光会读书，不会做人。

做人是一种大气，是一种包容，是一种能理解人间疾苦以后的仁慈和慈悲，是能在自己不断精进的同时原谅周围的同事所犯的错误，并且还愿意伸手去帮助他，这就是做人。比如，你在一群人中能不能被人欢迎；你有没有常识判断，能把这件事情做到恰到好处，让别人对你表示赞扬；你能否做到居功而不自傲，或者说有功能让于他人，这种事情全跟做人有关。

一个人做人，怎样才能做得相对比较到位呢？我觉得加上女孩子的话，总共有四个方面。第一，不管男女，一个人不能对权力贪图过大；第二，不能对名声和金钱贪图过大；第三，不能被七情六欲控制；第四，不能被个人情绪控制。这些特别重要。

人生犯错误不可避免。我的人生到现在50多年的时光，在18岁以前犯什么错误都算是小孩的错误，所以那就算了。18岁以后到现在的30多年时光，我也犯了很多错误，甚至有些是有点致命性质的错误。还好我到今天还活着，还好我到今天还在不断反思，让自己尽可能少犯错误。我也不知道后面多少年我是不是还会犯错误，因为有的时候你会不知不觉就犯错误，但是我也牢记在以后的岁月里哪些东西该碰，哪些东西不该碰。

其实作为一个正常的人，只要不被这些东西控制就好。我们为什么会斤斤计较？因为斤斤计较的背后就是利益，我们被利益控制。我们为什么会在别人批评你几句时，就觉得深受伤害？因为你被名利和虚荣心控制了。我们为什么要反复抱怨自己的状态不好，或者在背后说别人的坏话？因为你被心胸狭窄控制。一旦被这些东西控制，就没有办法了。

第三就是做事。靠谱的人得做事，做事你得想清楚，你如何把你现在岗位上的事做到极致状态。这件事情特别重要，如果我在北大的六年没有想办法把自己变成一个优秀老师的话，后来肯定不会有新东方。我发现北大的个别老师每天拿着教科书进教室，读一遍教科书，下课就回去睡觉。北大有些年轻老师就这样，他们知道人生就是等，在等的过程中稍微研究个东西，慢慢变成讲师、副教授，再到教授，而我每一堂课都在琢磨通过什么教学方法能把学生吸引到我的课堂来。

从北大出来做新东方，一做就成功的原因就在于，我在北大已经把吸引学生的教学方法研究得很透。到今天为止，很多老师的教学风格里依然有我的风格的影子，因为整个新东方的教学风格是由我产生的。所以，很简单，一件事情做好了，才会有另外一件更好的事情发生。

所谓人生一辈子的机遇是什么呢？是你做好了某种准备以后，等待那个时机的到来。就像非洲有一种鱼在干旱的时候，把自己埋在土里，但是并没有死掉，它在等待，等到雨季来临时，就从土里钻出来，变成一条活的鱼。如果它没有那样的耐力，没有做好那样的准备，是不可能活的。

我们做事要先把眼前的事做好，但是人和动物的不同就是，你把眼前的事情做好，并不是为了眼前，而是为了未来更好。人最伟大的能力是把未来更好地和现在结合的能力。我一直说我在新东方没有做过大事，但是我在新东方所做的每一个布局和参与的每一件事情，都是为了让未来的新东方更好。

我在新东方从来没有真正设立过几年要达到一个什么样的目标，因为我知道眼前这件事情能跟未来相联系，我只要把眼前这件事情做好，未来就必然产生。这就是曾国藩所说的"莫问收获，但问耕耘"。并不是不要收获，而是我眼前浇水、施肥、除草做好了，未来的收获就是必然的。所以，要把现在做的事情和未来相连，跟自己的未来相连。

人生的境界是往金字塔上走的，金字塔就意味着越往上升的岗位，竞争就越激烈，能够到达顶端的人就越少。比如你想竞争到新东方董事长这个岗位，但这个岗位永远只有一个，关键在于你怎样去思考。后来我发现，这个世界上真正有出息的人基本都是能够心平气和地接受现状，把现状做到最好，并且把现状和未来联系起来进行奋斗的人。

那些认真的、努力的、把一件事情做好甚至做到极致的，并且你发现他的眼神中还有未来的人，最能让你钦佩并且最能让你害怕。所有这样的人，都有这样一个特质，就是做好当下，联系未来。

有人说拼命做事业就会影响我们的个人生活和家庭生活。其实，这跟我们正常过好家庭生活、过好夫妻生活一点矛盾都没有。尽管有时候时间上会不够分配，但在我见过的成功人士中，事业打理得最好的人，恰恰是家庭也能维护得最好的人。

我的两个孩子都很爱我，我觉得我还做得很不错。人的能力就是一种在能抓住人生中最重要的东西时的平衡能力。所以，对你来说，所谓靠谱，你得明白什么是你人生中最重要的东西。常常有人说因为在新东方工作太忙谈不了恋爱，或者因为在新东方工作太忙导致夫妻关系紧张，我为新东方表示内疚，但是新东方真的不是你婚姻不美满或者谈不到恋爱的根本原因。真的不是，如果说是根本原因，我愿意献身。（笑）

做伟大的事

所谓新东方伟大的事，特别简单，就是把我们见到的每一个家长和学生服务好，帮助学生在学习成绩上提高，帮助学生在个性和性格上健全，帮助学生树立未来的某种理想和目标，让学生有奋斗的动力。我们只要做到这几点，新东方的事情就伟大了。

我们天天喊着要为中国教育事业做贡献，如果你下面任何一件小事都做不好，你能做什么大的贡献？也许再过10年、20年回头看，我们是为中国的教育事业做贡献了，如果我们走对了路，这就是一个必然的结果。

所谓走对路，其实简单到不能再简单的地步。通过对老师素质的不断提高，对老师提出严格要求，同时给老师在薪酬体系上进行进一步的完善和提升，通过老师和全体员工来向家长和学生传递只有新东方才值得你信任这样一种信息，来把新东方学校做大，这才叫伟大的事情。

所有伟大的事情都是从小事做起的。你有孩子后，每天给孩子买各种玩具伟大吗？你每天给孩子做好吃的，天天做鱼做肉伟大吗？不伟大，因为你做错了。你真正想要做一个伟大的母亲特别简单，就是用良好的规矩来培养孩子，用你自己的优秀——包括行为的优秀和阅读习惯的优秀来影响孩子，用你的行为来告诉孩子怎么变得善良，怎么变得能去帮助别人，这就是伟大。

伟大很简单，就是一件小事而已。比如我的母亲就是伟大的，因为她培养了我几个习惯。她从来没有做大鱼大肉给我吃——其实在农村也吃不到，也从来不给我买玩具，但是她给我做了三件事情：第一是养成了我终生喜欢阅读的习惯。我母亲是不认字的，但她从我小时候就认为我应该当个先生。她只给我买书，从四岁开始买连环漫画，家里只要有钱，买书可以，其他的东西只要你敢买，棒子准备着。我小时候的玩具都是我父亲给我做的，因为我父亲是个木工，什么木头手枪啊，都是我父亲做的，但是我养成了喜欢读书的习惯。

我母亲帮我养成的第二个习惯是：生活中良好的秩序习惯。从我开始记事到我18岁进大学，早上起来要是不把床弄干净，不把被子铺好，那是要被打的。生活上的秩序对我来说就变成了一个常态。我收拾东西时会进行分类，每样东西应该放在什么地方，用完之后怎么归类，这是我的习惯。其实这个习惯相当好，因为一个人有条不紊的生活习惯会带来有条不紊的思路，有条不紊的思路就会带有逻辑性。所以，我作为一个文科生，做事情依然有一定的逻辑性，这跟我的生活习惯有关系。我背着书包到处跑，什么东西放在书包里的什么地方从来不会改变，所以我要在我书包里找任何东西，一秒钟就能找到，如果找不到了，一定是有人翻了我的书包。

我母亲给我养成的第三个习惯是：对别人的好以及对生活的某种不屈的热情。这些东西都在我身上体现了。

我们做新东方，天天讲伟大目标，从50亿变成100亿，100亿变成200亿，这不是什么目标。从10个教学点变成20个教学点，变成50个教学点，这也不是什么目标。真正的目标是每一个家长、每一个孩子进入新东方了，不管是谁进来，我们是怎么对待的；不管他交的是50块钱还是50 000块钱，我们是怎么对待的。

有一句话叫一个民族只有能关注弱小人群的利益，这个民族才是强大的。而在中国，很多人恰恰一直在欺负弱小的人群。所以，我们不能光对交钱多的学生好，更加应该关注那些好不容易省下钱才来新东方的学生和家庭。我们新东方未来长久发展的真正基础，不是我们新东方装修了多少豪华的教学区，而是我们对待每一个家长、每一个孩子到底采取什么态度。

这是新东方真正的事业，是新东方事业最根本的根基，这就是做伟大的事。不要去把伟大的事想得无比大，我常常比较害怕那些给自己的人生树立缥缈的伟大理想而现实生活却搞得一塌糊涂的人，这样的人最可怕，因为必将一事无成。

分更多的钱

分更多的钱就比较简单了。两个要点：第一，校长千万不要因为自己可以多提几万块钱而拼命地增加利润。有利润对新东方来说是好事，但挤压出利润来就是坏事，在合理的利润之上，请把利润倾斜到员工的福利、活动甚至奖金和工资上去。

我不需要一个校长给新东方提供超高的利润，我觉得给新东方提供超高利润尽管可以体现这个校长的管理能力，但如果员工、老师的薪酬没有竞争力，就是校长对全体员工和老师的一种失职。当然，我不希望浪费钱，我们要省钱，我们连一盏灯要不要关掉也要思考一下，我们每一平方米的教学区怎么使用才能更加有效也要认真思考。

第二，如何真正透明地、公正地进行考核，让能干的人、多付出劳动并且创造成果的人获得更多收益——且记住是多付出劳动并且创造成果的人，跟只付出劳动没关系。比如你说，俞老师，我每天工作18个小时。我问你工作干吗了，你说，没有功劳也有苦劳，我就是在这里工作，每天重复地做无效的事情。我说，对不起，那你就给我走人吧。

最重要的是你必须先自我成长，通过自我成长、扩大能力，最后同时为新东方服务。我们怎样让我们的员工、老师、管理者能合理地、不断地提升自己的待遇，让大家愿意在新东方心甘情愿地贡献自己的力量，同时让自我成长，这就是最重要的。

  分更多的钱不是打土豪、分田地。对我们来说，所谓要分更多的钱，是在良好的机制上、透明的考核上、公平体系的布局上，让每一个有才华的人得到更多的、符合自己才能贡献的奖励和收获。沿着这个方向往前走，我相信新东方会越来越好。

Chapter 6
生活
——快乐或痛苦是一种心态

愿你的青春不负梦想

人的核心价值是被人信任

一个人的成长最重要的是什么？我们要来寻找的是一个人最重要的核心，还有外围的东西。我们限定一个人有两圈，像鸡蛋一样，里面的蛋黄是最重要的，是我们奠定的价值体系、方向体系和指南针；外面的蛋白就是第二圈，是人的行为体系。行为体系绕着行为价值观，就像行星和恒星一样，地球怎么绕都绕不出太阳，可以近一点，可以远一点，不管是近还是远，有一个要素是必然的，就是不能离开这个核心圈。一旦离开核心圈，你的行为就会乱来，就成了太空中乱飞的陨石，不是你把别人撞死，就是别人把你撞死。

我们来鉴定一下核心圈，这个核心圈是一个人一辈子最重要的本领。那么，一个人一辈子最重要的本领是什么？当你面对别人、面对社会时，最重要的本领是什么？自我认知、沟通能力、自我展示、改变世界、信任自己、信任别人、感恩。

我觉得人最重要的一个核心能力是信任，完整的说法就是被别人信任的能力。当然，你信任自己是毫无疑问的，你不信任自己，别人怎么信任你？信任自己就是自信，这是你的自我状态。比如女孩可以大胆地说"我很漂亮"，因为一个人应该觉得自己漂亮，应该觉得自己英俊，不管实际情况如何。因为你觉得自己漂亮，觉得自己自信，脸上就会散发光彩，就会迷人。

人是有气场的，你的气场就是内心的想法。在没有自我认知的情况下，你的想法会非常狂妄，很愚昧，很恬不知耻，就变成了负面的气场。从正面气场来讲，一个人最重要的能力是，不管在什么场合，都能被寄予信任。

比如你觉得我很有安全感，在你生老病死的那一天，你愿意把身家性命和所有后面的事情都委托给我，这是超强的被人信任的能力；当你向别人借钱时，别人都不用你写借条就借给你了，这是超强的被人信任的能力；当你去争取某个资源的时候，别人会超级信任你，不会担心你把他的资源都给占了；当你赚了一堆钱的时候，别人相信你只会拿自己应得的那一部分，不会把别人的钱都给占了；当你和朋友同时发现一个漂亮姑娘时，你会让朋友先去追求。比如，在大学里经常会发生这种事情，两个男生为了一个女孩子打得头破血流，而且两个人是好朋友，你是否宁愿忍受孤独的痛苦，也不愿伤害朋友的感情，这是超级信任的能力。作为一个社会人，你最重要的能力是被人信任的能力。

被人信任的能力包含多少要素？一个人做到怎样才能被人信任？你需要什么样的特点和特征才能被人信任？首先，自己要有能力，为人处世要有诚信。要对他人坦诚，要善良，要以诚相待，要有容忍之心。在个人方面做到做事踏实，信任别人，一诺千金，一直坚持下去。诚实，敢于承担责任。在朋友之间要有不可替代性，与人分享。

被人信任的能力包含了人所有的美德，而且是综合性的美德。如果你没有综合性的美德，是不可能被人信任的。如果有人评价你，说你"善良、包容、大度，有道德底线，对自己的朋友比对自己还好"，这就是综合美德。

保持你所拥有的最优秀的品德，才能拥有被人信任的能力，让人相信你的过程是展示你魅力的过程。比如培训期间，四个人住一间宿舍，一个星期之后，大家都会评判出愿意和其中的哪位一直打交道。被人信任的能力，能帮助你聚集大量的资源。

1996年的时候，我去美国找我的大学同学，这些同学都回来和我一起做新东方，如徐小平老师、王强老师等人。我在北大的时候，其实什么职位都没有，既不是有钱人家的孩子，也没有政府背景，成绩也是一塌糊涂，也没当过班干部，就是一个普通学生。毕业以后，大家就分开了。十年以后，我去美国把大家请回来。

他们为什么会跟我回来呢？凭我的能力，他们不会回来，因为他们不相信我是个有能力的人，当然他们的判断也可能是错误的，因为一个人的能力也是可以成长的。他们之所以回来，是因为他们知道，我这个人可以骗自己，但是不会骗别人。他们认定了一个底线，就是"我们跟着俞敏洪回去了，俞敏洪不会昧着良心骗我们"。

当你被人信任的时候，未来你想要做事情或者遇到危难需要资源的时候，调动资源就会极其容易。但是，这件事情不是那么容易做到的。比如说你看到一份工作在那儿，你怎么抢？你怎么让同事感觉到你没有威胁性，而且你还能抢到这份工作，这就是很大的本领。

　　一个人看到好东西一定想要，这是动物性的一面，是必然的。更有本领的人是现在看到好东西不要，但相信未来有更大、更好的东西在等着他，这是个很厉害的本领。还有更厉害的人是，我不要，也不计较未来有没有更好的东西，我只是觉得我放弃是正常的，对别人好就行。

　　当然，为了做事，你不能所有事都放弃，该竞争的还是要竞争。比如说我做新东方的时候，在该竞争市场的时候毫不手软，否则新东方怎么能一路打天下打到今天呢？但即使是在竞争市场，所有培训机构的老大也把我当大哥，不是打出来的，而是因为竞争的时候我也保持着很好的道德底线。即使是在新东方的竞争对手中，也没有人认为俞敏洪是不能被信任的。一个人能被自己的敌人信任，这是最高级的信任，我们在生活中要做到这一点是非常不容易的。

信念是人生最大的力量

除了理想之外,人的精神支柱主要来自信念。我所说的信念,并不一定是指宗教信仰,没有宗教信仰的人依然可以有自己的信念。所谓信念,就是对这个世界的信心和对自己的信心。

我有几个信念是坚定不移的。

第一,我认为这个世界是好的,是值得人活下去的。我这里所说的世界,主要是指大自然,太阳给我们送来阳光,月亮给我们送来银辉,清风明月不用钱买,蔚蓝色的地球是人类迄今为止最美好的家园。

现在人类的很多心理疾病都来自离自然太远。我们拥挤在没有绿色的城市里,拥挤在几平方米的房间里,拥挤在大街上上下班的人群里。晚上,在城市的灯光下,我们再也看不到月亮和星星,再也听不见蟋蟀和青蛙的鸣叫。在这种情况下,人要是不痛苦绝望,才见鬼了呢。所以,我们一定要不断地接触大自然,到长江边上独自坐一坐,到东湖边上独自走一走，这样我们可能会更愿意活下去。

第二，我认为这个世界上大多数人都是好的。所谓的好，并不是说我周围的一些人好，而是人作为一个群体，必须在这个世界上生存下去，所以整个群体的努力必然会向更好的方向发展。人类可能有的时候会急功近利，误入歧途，但随着世界的发展，全球化已经变成了一个事实，世界上任何一个国家都不能再无视自己人民的利益和别的国家人民的利益，而随意践踏人的生命和财产。所以，从整体上来说，人类世界是在向更有序的方向发展。随着科学的发展，人类将越来越少地受到疾病和自然灾害的袭击。

第三，我认为人类有着基本的良知和良心，由这些良知和良心而产生的人类的同情心和慈悲心，是人类能够继续生存和互相帮助的根本原因。我们知道有丧尽天良的人，像纳粹德国对犹太人的屠杀，像日本帝国主义在南京的大屠杀，但从整体来说，人类的正义感和慈悲心一定会战胜人类的残忍和凶恶，因为这是人类生存下去的必要条件。人类要做的是如何让正义感和慈悲心迅速得到弘扬，而同时用制度和公约来控制人类的残忍和凶恶。

第四，我认为我来到这个世界上是有目的的，就像李白说的那样，"天生我材必有用"。这个"用"并不一定要被别人所用，我们自己也可以用自己。一个人本身在这个世界上是渺小的，一个地球在茫茫宇宙中也是渺小的，我们不能因为我们的渺小而否定自己，至少我们可以享受大自然中的一切。

如果我们能从自然中看出美来，我们来到这个世界的目的就已经达到了一半。深林中的鲜花并不因为没有人欣赏就不开放，我们的生命并不因为没有别人欣赏而不美好。我们来到这个世界的另一个目的就是要让这个世界变得更加美好,既为我们自己的子孙,也为我们人类本身。

  所以,我们所做的一切都不应该对人类造成危害,这样做最起码能对得起自己的良心,使自己能安心地活下去。有了以上四个信念,我的生活大部分时候都显得丰富和充实。

认真对待生活中的每一次机会

我们经常会在应该等待的时候匆忙地行动,或者在应该行动的时候却在那儿等待,最后错失良机……

不管是快乐的事情还是痛苦的事情,都是我们生活中珍贵的礼物,都需要我们用心去珍惜,并用积极的心态去对待……

生活中有很多遗憾,为此,我们要付出很多努力,争取让自己的生命更加丰富。我觉得最好的方法就是等待。

生活中有很多东西是不能被动地等待的,等待只是为了获得更多的主动,等待最好的时机需要最好的耐心。所谓不能被动地等待,就是说任何的等待都是有目的的。我在《动物世界》中看到的最惊心动魄的影片是关于南美洲的蟒蛇的。这种蟒蛇的身体实在太大了,所以行动速度不是很快。为了捕食,它唯一的办法就是埋伏在丛林中,等动物经过。通常一天下来,没有一只动物经过,两天下来,没有一只动物经过,甚至一个星期下来都没有一只动物经过。但是它知道，只要在那儿等待，一定会有动物经过。最后终于有动物经过了，它就一跃而起，一口把动物咬住。因为它追不上动物，只有等动物走到它嘴边的时候，才能跃起来。

我看了这个影片以后，印象非常深刻。任何一个人对自己的机会，对自己的未来，都需要等待，而等待一定要有方法。等机会到来的时候，一定要十分敏捷地去捕捉。从表面上看，大蟒蛇在那儿一动不动，完全是被动的，但实际上它每时每刻都很警觉，即使睡觉的时候都在用耳朵听着，用身体感受着周围有没有动物走过。蟒蛇比任何动物都更加清楚等待的重要性。

猎豹是世界上跑得最快的动物，但是它一定要在草丛里等羚羊靠近自己的时候才一跃而起，追上羚羊。因为猎豹尽管是世界上跑得最快的动物，时速能达到100多公里，但是它最多只能跑10分钟，如果10分钟之内追不上羚羊，它就只能饿死了，所以它不得不埋伏在草丛中等待最佳的机会。

很多时候，动物都值得我们人类去学习。我们经常会在应该等待的时候匆忙地行动，或者在应该行动的时候却在那儿等待，最后错失良机。而且因为过早地暴露，让别人知道你的弱点和缺点，别人不再愿意跟你打交道，结果是你就会失去终生的机会，因为人们通常只会给你一次机会。

举例来说，如果我把你当成了真心朋友，后来发现你不够真诚，某些行为让我觉得小气和卑鄙，让我觉得你已经不再是我的真心朋友时，不管你怎么做，我都会对你产生戒备心理。理由很简单，英文中说"Once a cheater, always a cheater"，用中国人的话来说，就是"一朝被蛇咬，十年怕井绳"。这是同一个概念。你要获得机会，要永远地跟周围的朋友保持一种良好的关系，实际上需要有足够的智慧才行。

当然，最好的时机也需要你用最大的耐心去等待。如果你连自己的工作都没有做好，就希望别人承认你，那你就选了最差的时机。当你把工作做到完美的境界，被周围所有人承认的时候，你根本就不需要等待，你的等待本身已经变成了把你最优秀的一面展示给别人的过程。

不管怎样，我们每个人都要认真对待生活中的每一次机会，也许现在的工作不是你找到的最好的工作，但是你一旦认可了这个位置，一旦你接受了这份工作，接受了这份工资，你就必须抓住这个机会，在这个位置上创造出别人不能创造的快乐和别人不能创造的成就。

同时，你生活中的任何一次失败和痛苦都可能是你遇到的最好的机会，能教给你真正的智慧。这要看你怎么看待失败和痛苦。有的人失败以后从此一蹶不振，有的人失败以后变得更加伟大，这就是因为不同的人看事情的角度不一样。

当你从积极的角度来看事情的时候，你的心态就是积极的。我的态度是，不管是快乐的事情还是痛苦的事情，都是我们生活中珍贵的礼物，都需要我们用心去珍惜，并且用积极的心态去对待，因为这些都是我们在等待时机和追求成功的过程中必然要经历的一些过程。

人生最大的幸福是学会不把自己当人看

我发现我这辈子总的来说还算比较幸福。最幸福的是我选对了一个职业，因为我们那一代人更多的是"被分配工作"，而不是主动挑选工作。现在大学生毕业以后找工作，从某种意义上来说比我们更加幸福。你可以找自己喜欢的工作，如果你找不到，可以暂时不工作，直到你喜欢的工作来找你；或者你找到了工作，发现不喜欢，还可以辞掉。

我们当时毕业是听组织分配，组织叫你干什么就干什么。我毕业时，差一点被分配去当公务员，但我非常清楚当公务员不符合我懒散的个性，每天坐在办公室里看领导的脸色，不管领导喜不喜欢，还得端茶倒水、拿报纸，等待5年或许能升处长，再等10年甚至20年或许才能变成局长，我没这个耐心，尤其是"发不了财"这一点，让我很担心。

我什么东西都能离开，但不能离开我的讲台

人在成长中会产生很多幸福。我当时当老师是没有经过培训的，也不是师范大学毕业的，我讲课的时候学生跑掉是正常的，因为北大不允许老师点名，因为认为老师点名是一种压迫学生的行为。

于是，我就想：我怎样才能吸引学生来到我的教室里呢？我就反复训练幽默感，没想到两年不到，我就成了学生喜欢的老师。后来我当老师越当越高兴，教50名学生不行教100名。后来我想，为什么不能给1000名学生上课呢？

因此，我就创建了新东方学校。**这辈子如果让我做唯一的选择的话，我什么东西都能离开，就是不能离开我的讲台**。因为在讲台上可以有生活的简单和心灵的丰富。我最大的幸福是一辈子选对了一个职业，到现在为止，我每年还在讲台上给学生上课，给学生做讲座。

所以，如果要下一个定义的话，一辈子找到一件很喜欢干的事情就变成了我们幸福的第一个要义。

人生可以孤独，但是不能孤单

幸福的第二个要义是你周围要有人跟你在一起，这分成两部分：第一部分是你喜欢的周围的朋友，第二部分是你找到一辈子愿意跟你生活的那个人。人生可以孤独，但是不能孤单，孤独是一种心灵上的东西，你可以让一个人在庙里打坐半年，思考佛教禅宗真正的意义，这是心灵孤独的另外一层含义。孤单是没有人理你，你都不想理你自己。你避开孤单的最好的方法就是你周围要有一帮好朋友，我从小到大都有朋友。

人有的时候应该避开热闹，因为有的时候太热闹了，热闹本身就成了

生活中的一种麻烦。这么多年我最大的成功是我能够在热闹中抽身而出，走向孤独的自己。因为我要想热闹太容易了，随便打个电话，很多名人就可以跟我一起吃饭，随便跟员工开个会，告诉员工陪我玩一玩，员工就跟着我一块儿跋山涉水去旅游了。

我也会面临很多诱惑，每天都有很多社会名流人士，一不小心就进入热闹的状态：喝酒、唱歌、聊天……喝酒喝高了，第二天头昏脑涨又是一天。我要抽身出来孤独，随着年龄的增长，越来越容易做到。

不要热闹，不等于不要朋友。朋友对我来说特别重要，新东方之所以能做起来，就是因为我的几个大学和中学的朋友。挑朋友要挑能给你带来心灵丰富性的朋友，最重要的是你能从他身上学到东西，你周围要有一帮能让你爱、能让你喜欢，倒过来他们也能喜欢你的朋友就够了。

一个有未来的人就是幸福的人

讲到婚姻，我在婚姻中打滚打了几十年，请记住：恋爱和结婚完全是两个不同的概念。恋爱的时候可以很狂野，只要爱上谁就可以拼命地爱，等到你真想结婚的时候，要想想这个人是不是符合能够跟你过一辈子的条件。一个人最幸运的就是找到一个一辈子最适合自己的女人或男人。他（她）跟你在一起心心相印，既可以互相理解、懂得，又对你这个人全身心地接受，还能全身心地爱你，跟你一起过，在生活中遇到任何困境的时候不抱怨、不刺激你，当你遇到失败的时候，能跟你一起躺在地上，一起失败。这样的人不容易找。

我只想说，真正一辈子陪你的，一个是工作，另外一个就是你的爱人。但是，你绝对不可能每一件事情都跟你的爱人说，这个时候你要对朋友说，如果没有朋友，你心中的积郁就会越来越多。

第三件最重要的事情就是我们有未来，一个有未来的人就会是幸福的人。

现在的中国人为什么这么焦虑？是因为我们比较了不该比较的东西。我们总是比较谁比谁成绩好，谁比谁有更多的女朋友或者男朋友；等到工作了以后，谁比谁赚的工资多，谁比谁的房子大，谁比谁先买了汽车；等到生了孩子，谁跟谁的孩子进了哪所更有名的小学、中学。

想要幸福，就要放弃眼前的比较

我们如果一辈子想要幸福的话，就要放弃眼前的比较，或者说要有一种勇敢的精神，跟别人比谁更丑，说得不好听一点：我很丑，但是我很温柔。自我鼓励比通过比较以后的鼓励要长久得多，永远跟自己比，跟自己比未来、比成长、比进步。成长是一件美好的事情。最悲伤的是人一辈子回头看却没有回忆。

如果说你一辈子回头看发现没有值得写的东西，没有值得记的东西，发现人生是一片空白，是因为你不做事、不去追求未来，追求未来的人一定会有东西记下来。

我过去一心一意做新东方，也赚了一点钱，赚钱本身很重要，但如果把赚钱当目的，就变成了人生的悲剧。我怎么样把它变得有意义？现在我自己还花费上千万元扶植2000个农村地区的学生，每年给他们交学费。当我看到这些孩子在成长，他们本来在农村都上不起大学，后来因为我的资助解决了上大学需要面临的经济问题，我就会感觉很高兴。

我在寻找生命的丰富性，也在寻找未来更大的可能性。总而言之，人要对目前所做的事情的未来抱有期待。人做事情要有激情，要有热情，一个积极向上、永远追求未来的人生态度比什么都重要，所有这些追求都必须把控在合适的范围之内，追求过分了就会出问题。一旦走偏了，幸福立刻就会转化为悲剧，这是我的第三个感觉。

人生最大的幸福就是学会不把自己当人看

我的第四个感觉就是：人生最大的幸福，就是学会不把自己当人看。如果有人说你是一坨屎的话，你告诉他："你踩踩我试试看。"我们对什么事都不在意，才能活得更加幸福，比如说有人批判你了，误解你了，所有一切都不需要去争、去解释、去战斗，因为你就是你，不会因为别人侮辱你一下，你就会变得更加不幸，有时候一语不合拔刀相向就是一种悲剧。

当别人侮辱你的时候，你反过来侮辱他，恰恰就变成了"别人是头猪，你把自己也当成了猪看"的境地。

总而言之，幸福可以寻找点点滴滴的轨迹，每一个人心中的幸福的概念都不一样，我只是希望大学生既能遵循幸福的轨迹，同时也能沿着自己内心幸福的概念前行，让自己的人生变得更加圆满。

无论做人做事，都不要去等待

　　时光匆匆而过，我们的追求永远不会停止，我们的生活也永远不会完美。为了使我们的生命更有意义，我们必须知道什么东西我们应该认真等待，什么东西我们不能等待。我们可以等待每天太阳从东方升起来，我们可以等待月亮再次变得很圆，但生活中有很多东西我们不能等待。

　　千万别像《死亡日记》的作者陆幼青那样，到最后发现自己的生命只有100天的时候，再来写《死亡日记》，那样有点晚了。陆幼青还算是伟大的，因为他最后终于完成了《死亡日记》，为人类留下了一份珍贵的遗产。但是他毕竟失去了生命，所以很多东西我们是不能等待的。我的朋友曾发给我一个PPT，题目叫Don't Wait，意思是"不要等待"，我们来看一看里面所说的话：

Don't wait for a smile, to be nice!

不要等到别人微笑了，你才对人好！

Don't wait to be loved, to love!

不要等到别人爱你了，你才付出爱！

Don't wait for the best job, to start to work!

不要等到有了最好的工作，你才开始努力！

Don't wait to be lonely, to recognize the value of a friend!

不要等到孤单了才意识到朋友的价值！

Don't wait to have a lot, to share a bit!

不要等到拥有了很多才去和别人分享一点！

Don't wait for the fall, to remember the advice!

不要等到摔倒了才记得别人的忠告！

Don't wait, because you don't know how long it will take!

不要等，因为你不知道等待要花多少时间！

　　上面这些话包含了两个最重要的忠告：一是我们生活中很多美好的东西是不能等待的，因为你不知道等待会有什么结果；二是我们在生活中必须采取主动的态度，去争取我们希望得到的东西，不能被动地接受。

　　以上这些话，说尽了我们生活幸福和充实的秘密。生活的意义是掌握主动，去做使自己的人生更加丰富和美好的事情。我们应该主动去寻找我们生命中最有意义的事情。不管别人对我们怎样，我们永远可以对别人仁慈和蔼，永远用爱心对待别人，永远努力把哪怕是最微不足道的事情做好，永远作为朋友去帮助别人。

　　我们不能因为别人对我们好了我们才对别人好，这样做等于是把命运交到了别人手中，因为我们永远都没法预料别人到底会不会对我们好，也没法预料今天对我们好的人明天还会不会对我们好。但我们永远能把握自己，只要我们把仁慈、爱心、努力和友情永远作为我们的航标灯，我们就会沿着正确的方向前进。

一旦我们树立了我们自己的做人标准，我们就不应该受到别人的影响，尤其是坏的影响。试想一下，如果因为别人对我们不好我们就不开心，那么我们的生活就会天天不开心，因为你每天都会遇到一些对你不好的人。你到商店去买东西，服务员对你爱理不理；你坐上公共汽车，售票员对你大呼小叫。你如果在意这些东西，怎么能高兴得起来？但你倒过来对他们表示冷漠，表示你不在乎，还不是最高境界。你的最高境界应该是不管别人对你怎样，你都友好地、微笑地对待别人。

我在生活和工作中有两句格言：一是决不让别人的情绪影响自己的工作，二是不求回报地对别人友好。要做到这两句话其实是很难的。越是和你亲近的人，他们的情绪越容易对你造成影响。

始终如一地对别人友好，也不容易做到。我每次出差坐飞机，在安检口都对安检人员微笑着说"你好"，但我通常得不到任何回应，有时候会让我灰心丧气，但我现在还是在坚持微笑着说"你好"，因为我觉得我的行为标准不应该受到别人的影响。这样做有的时候不仅需要耐心，还需要勇气和胸怀。理论上说起来容易，实际上真正做到是很难的事情。

宋代的苏东坡与当时著名的和尚佛印有一段故事，典型地说明了知易行难的道理。有一次，苏东坡学禅有所领悟，不觉喜从中来，于是挥笔写了一首诗："稽首天中天，毫光照大千。八风吹不动，端坐紫金莲。"所谓"八风吹不动"，就是人世间的得、失、谤、毁、忧、喜等已经对他没有影响。

　　写完诗后，苏东坡就让人把诗拿到长江对面的金山寺，交给佛印禅师，佛印在诗上批了"放屁"两个字，又让来人带回给了苏东坡。苏东坡一看，顿时很生气，渡江前往金山寺，找佛印理论。船靠岸时，佛印早就在那里等着，对苏东坡说："你不是已经'八风吹不动'了吗？怎么'放屁'两个字就把你吹过江来了呢？"

　　从这个故事中，我们既看到了苏东坡的可爱，也看到了一个人的自我评价与现实之间的差距。

　　我们不需要把自己变成圣人，但我们依然可以用神圣的感情去做事情。我们常常以为自己一无所有，实际上我们已经拥有了很多很多。你的微笑、你的感情、你的真诚、你的健康，所有这一切都是无价之宝，你如果愿意与人分享这些东西，就能换取你生活中所需要的物质资源，包括财富、房子和汽车。

后记　让现在的行动拥有未来的意义

动物的一生通常只停留在对生存的追求上，为活而活着，而人类现在已经进化得超越此境界了。人类的眼光越伸越远，从空间上越过地平线看向太空，从时间上越过现在伸向未来，从生命上越过自己走向后代。

人类拥有穿越时空、看向未来的眼光，也正是因为这一眼光，使人类真正区别于其他动物。尽管我们的行动还有很大一部分是为了现在活着，但随着人类精神生活的丰富和对更美好生活的执着追求，让现在的行动拥有未来的意义已经变得十分重要。

之所以要让现在的行动拥有未来的意义，是因为人的未来是需要设计的。我们没有办法像动物一样自生自灭，也没有办法像动物一样靠肉搏来获得生存的机会。在几乎所有人都或多或少在设计未来时，有一个事实让我们已经无法逃避：**谁能把自己的未来设计得更好，谁就能取得生命的最佳位置。**

让现在的行动拥有未来的意义，需要几个前提条件。一是你现在能够相对较好地生存下去。如果我们每天工作20个小时还养不活自己，就很难为了未来而行动。二是我们必须具备面向未来的眼光。很多人生活得很好，但面对未来一脸茫然，于是把时间浪费在了喝酒、打牌、聊天、看电视上，结果只会使生命随波逐流。三是需要有放弃的勇气。有时候为了未来活得更好，我们需要放弃眼前的一些享乐，甚至需要在一段时间内过孤独的、像苦行僧一样的生活。

让现在的行动拥有未来的意义，并不意味着要我们放弃现在生活中的乐趣；也不是要我们为了未来，让现在的行动变得苦不堪言。人类的智慧体现在如何把今天和明天结合起来。

要做到这些，以下两点十分重要：

一是现在做的事情是你喜欢做的事情，或者通过努力变得喜欢做的事情。比如说你喜欢读书，读书本身就是一种享受，同时"开卷有益"，读书能增长我们的智慧，提升我们的眼界，帮助我们更好地规划未来，所以要多读书。但是，如果你喜欢的事情不具备未来的意义，就要尽量少做，比如你喜欢打麻将，就必须严格控制，否则生命会随着麻将的噼啪声而烟消云散。

二是现在做的事情能和未来你生命中某一个更有意义的时刻挂钩。比如说学生努力学习，尽管很辛苦，但最大的动力就是能进入名牌大学。

如果未来某一个有意义的时刻必须以现在的痛苦为代价，而你认为付出这种代价是值得的，那么痛苦就会变成一种可以忍受的东西，甚至可以从中培养出坚忍不拔、永不放弃的精神。就如马拉松比赛，很少有人会认为马拉松比赛本身是一项让人身心愉快的运动，每个参加者跑到最后都筋疲力尽、痛苦不堪，但很多人坚持跑到最后就是为了得到成就感和精神升华。

　　让现在的行动拥有未来的意义，也意味着我们不仅仅要考虑活着的意义，还要将生命不断延伸，将生命的意义延续到我们的肉体生命之后。寻找生命的崇高变成了每个人的宿命，任何人都无可逃避。没有人愿意行尸走肉般地活着，没有人愿意被别人当作动物一般看待。

　　追求生命的尊严，是人类历史不断发展和进步的最根本动力。我们崇敬那些为我们留下了宝贵的精神遗产、历史遗产和物质遗产的先辈，我们同时也希望自己能为未来的人类和历史留下些什么。不管我们承认不承认，每一个人都希望活出一份崇高来。

　　让现在的行动拥有未来的意义，在今天尽可能活得开心的前提下，心中永存明天会更好的信念。"相信未来吧！相信不屈不挠的努力，相信战胜死亡的年轻，相信未来，热爱生命"，这样的诗歌，每个人都应该牢记在心，变成我们灵魂的支柱。放弃未来就等于放弃生命，没有了未来，即使肉体还活着，生命也将变成难以忍受的一片虚空。

附录　俞敏洪经典语录

1. 每个人的生命都需要突破、突破再突破。挡住我们前进的，恰恰是我们自己。

2. 一个人如果什么目标都没有，就会浑浑噩噩，感觉生命中缺少能量。能给我们能量的，是对未来的期待。

3. 与其追寻全世界的骏马，不如种植丰美的草原，到时骏马自然会来。

4. 让现在的行动拥有未来的意义，在今天尽可能活得开心的前提下，心中永存明天会更好的信念。让现在的行动拥有未来的意义，也意味着我们不仅仅要考虑活着的意义，还要将生命不断延伸，将生命的意义延续到我们的肉体生命之后。

5. 什么东西能给我们能量？答案是对未来的期待。

6. 什么是命运？命运就是老天不经意加在我们身上的苦难，以及面对这种苦难我们所采取的态度。

7. 当别人侮辱你的时候，你反过来侮辱他，恰恰就变成了"别人是头猪，你把自己也当成了猪看"的境地。

8. 我的优点就是从不嫉妒比我优秀的人，而总是努力模仿他们，把他们作为自己的学习榜样。

9. 人的一生有太多事情因为我们不敢，所以没有去做。

10. 一个自卑的人一定比一个狂妄的人更加糟糕，因为狂妄的人也许还能抓住生活中本来不属于他的机会，但是自卑的人会永远失去本来就属于他的机会。

11. 一个人真正优秀的特质来自内心那种想要变得更加优秀的强烈渴望，以及对生命的追求、火热的激情。

12. 当我们有勇气跨出第一步的时候，首先要克服内心的恐惧，因为这个世界上，往前走的脚步声只有自己能听见。

13. 请勇敢地对恐惧、对别人的眼神说一声：No! Because I am myself.（不！因为我是我。）

14. 我这个人可能一辈子什么都会丢掉，但是有一点肯定不会丢，那就是我对生活的渴望和对自己创造的渴望。

15. 我对大学生最大的建议是，成与败之间，全力以赴地付出，最终就是成功。

16. 一个人可以过贫困、孤独的生活，但不能过内心没有火焰、没有渴望和向往的生活。

17. 一个人就像一株植物，如果内心没有渴望长大的种子，他就永远长不大。

18. 到达金字塔顶端的只有两种动物，第一是雄鹰，靠一双翅膀轻而易举飞到金字塔顶端。第二是蜗牛，通过巨大努力，最后终于爬到金字塔顶端。

19. 青春几乎就是没有性别的互相欣赏，青春就是对自己爱好的坚持，青春就是同学之间完全没有隔阂的友谊。

20. 命运不是恒定的，命运是可以被改变的——不管你在什么起点，人生中总有好的东西在等你。

21. 人一生有两件事不能做，一是低估自己，二是低估别人。

22. 人生毕竟不是百米赛跑，人生是一辈子的马拉松。

23. 我们可以拥有平凡的心态，但是绝不能拥有一颗平凡的心，我们的心必须伟大，必须向往高远。

24. 当你爱你的事业，当你爱你自己的生命，当你愿意把你的生命和事业结合起来的时候，我相信你一定会无往不胜。

25. 我现在的能力，来自20年来的成长。每天都在成长，就会让自己的梦想飞得越来越高。

26. 现实修正精神的错误，精神引导现实的方向。

27. 历史待人就是这样"刻板"，如果你只是迎合现在，也许会没有未来。

28. 要永远拥抱生活，我之所以能有现在的从容的心理状态，就是因为我在看到了这个世界黑暗的一面以后，依然在等待着每天的阳光出现。

29. 我们不用怕丢失过去的东西，最重要的是如何面对未来，重建自己。

30. 生命只有幸福与不幸福两种状态，任何中间的浑浑噩噩都是没有生命的状态。

© 中南博集天卷文化传媒有限公司。本书版权受法律保护。未经权利人许可，任何人不得以任何方式使用本书包括正文、插图、封面、版式等任何部分内容，违者将受到法律制裁。

图书在版编目（CIP）数据

愿你的青春不负梦想：全新修订版 / 俞敏洪著 . --长沙：湖南文艺出版社，2021.6
ISBN 978-7-5726-0189-7

Ⅰ.①愿… Ⅱ.①俞… Ⅲ.①成功心理—青年读物 Ⅳ.①B848.4-49

中国版本图书馆 CIP 数据核字（2021）第 092812 号

上架建议：畅销・励志

YUAN NI DE QINGCHUN BU FU MENGXIANG: QUANXIN XIUDING BAN
愿你的青春不负梦想：全新修订版

作　　者：	俞敏洪
出 版 人：	曾赛丰
责任编辑：	匡杨乐
总 策 划：	金　利
监　　制：	于向勇　秦　青
版权支持：	辛　艳
特约策划：	何　静　康晓硕
特约编辑：	郑　荃　王　蕾　肖　莹
营销编辑：	马欢玥
封面设计：	崔浩原
版式设计：	李　洁
内文排版：	麦莫瑞
图片来源：	视觉中国　北京新东方学校
出　　版：	湖南文艺出版社
	（长沙市雨花区东二环一段 508 号　邮编：410014）
网　　址：	www.hnwy.net
印　　刷：	三河市中晟雅豪印务有限公司
经　　销：	新华书店
开　　本：	680mm×955mm　1/16
字　　数：	200 千字
印　　张：	19
版　　次：	2021 年 6 月第 1 版
印　　次：	2021 年 6 月第 1 次印刷
书　　号：	ISBN 978-7-5726-0189-7
定　　价：	68.00 元

若有质量问题，请致电质量监督电话：010-59096394
团购电话：010-59320018